吳墉祥在台日記
（1970）

The Diaries of Wu Yung-hsiang at Taiwan, 1970

民國日記｜總序

呂芳上
民國歷史文化學社社長

人是歷史的主體，人性是歷史的內涵。「人事有代謝，往來成古今」（孟浩然），瞭解活生生的「人」，才較能掌握歷史的真相；愈是貼近「人性」的思考，才愈能體會歷史的本質。近代歷史的特色之一是資料閎富而駁雜，由當事人主導、製作而形成的資料，以自傳、回憶錄、口述訪問、函札及日記最為重要，其中日記的完成最即時，描述較能顯現內在的幽微，最受史家重視。

日記本是個人記述每天所見聞、所感思、所作為有選擇的紀錄，雖不必能反映史事整體或各個部分的所有細節，但可以掌握史實發展的一定脈絡。尤其個人日記一方面透露個人單獨親歷之事，補足歷史原貌的闕漏；一方面個人隨時勢變化呈現出不同的心路歷程，對同一史事發為不同的看法和感受，往往會豐富了歷史內容。

中國從宋代以後，開始有更多的讀書人有寫日記的習慣，到近代更是蔚然成風，於是利用日記史料作歷史研究成了近代史學的一大特色。本來不同的史料，各有不同的性質，日記記述形式不一，有的像流水帳，有的生動引人。日記的共同主要特質是自我（self）與私密（privacy），史家是史事的「局外人」，不只注意史實的追尋，更有興趣瞭解歷史如何被體驗和講述，這時對「局內人」所思、所行的掌握和體會，日記便成了十分關鍵的材料。傾聽歷史的聲音，重要的是能聽到「原音」，而非「變音」，日記應屬原音，故價值高。1970年代，在後現代理論影響下，檢驗史料的潛在偏見，成為時尚。論者以為即使親筆日記、函札，亦不必全屬真實。實者，日記記錄可能有偏差，一來自時代政治與社會的制約和氛圍，有清一代文網太密，使讀書人有口難言，或心中自我約束太過。顏李學派李塨死前日記每月後書寫「小心翼翼，俱以終始」八字，心所謂為危，這樣的日記記錄，難暢所欲言，可以想見。二來自人性的弱點，除了「記主」可能自我「美化拔高」之外，主觀、偏私、急功好利、現實等，有意無心的記述或失實、或迴避，例如「胡適日記」於關鍵時刻，不無避實就虛，語焉不詳之處；「閻錫山日記」滿口禮義道德，使用價值略幾近於零，難免令人失望。三來自旁人過度用心的整理、剪裁、甚至「消音」，如「陳誠日記」、「胡宗南日記」，均不免有斧鑿痕跡，不論立意多麼良善，都會是史學研究上難以彌補的損失。史料之於歷史研究，一如「盡信書不如無書」的話語，對證、勘比是個基本功。或謂使用材料多方查證，有如老吏斷獄、法官斷案，取證求其多，追根究柢求其細，庶幾還原案貌，以證據下法理註腳，盡力讓歷史真相水落可石出。是故不同史料對同一史事，記述會有異同，同者互證，異者互勘，於是能逼近史實。而勘比、互證之中，以日記比證日記，或以他人日記，證人物所思所行，亦不失為一良法。

從日記的內容、特質看，研究日記的學者鄒振環，曾將日記概分為記事備忘、工作、學術考據、宗教人生、游歷探險、使行、志感抒情、文藝、戰難、科學、家庭婦女、學生、囚亡、外人在華日記等十四種。事實上，多半的日記是複合型的，柳貽徵說：「國史有日歷，私家有日記，一也。日歷詳一國之事，舉其大而略其細；日記則洪纖必包，無定格，而一身、一家、一地、一國之真史具焉，讀之視日歷有味，且有補於史學。」近代人物如胡適、吳宓、顧頡剛的大部頭日記，大約可被歸為「學人日記」，余英時翻讀《顧頡剛日記》後說，藉日記以窺測顧的內心世界，發現其事業心竟在求知慾上，1930 年代後，顧更接近的是流轉於學、政、商三界的「社會活動家」，在謹厚恂恂君子後邊，還擁有激盪以至浪漫的情感世界。於是活生生多面向的人，因此呈現出來，日記的作用可見。

晚清民國，相對於昔時，是日記留存、出版較多的時期，這可能與識字率提升、媒體、出版事業發達相關。過去日記的面世，撰著人多半是時代舞台上的要角，他們的言行、舉動，動見觀瞻，當然不容小覷。但，相對的芸芸眾生，識字或不識字的「小人物」們，在正史中往往是無名英雄，甚至於是「失蹤者」，他們如何參與近代國家的構建，如何共同締造新社會，不應該被埋沒、被忽略。近代中國中西交會、內外戰事頻仍，傳統走向現代，社會矛盾叢生，如何豐富歷史內涵，需要傾聽社會各階層的「原聲」來補足，更寬闊的歷史視野，需要眾人的紀錄來拓展。開放檔案，公布公家、私人資料，這是近代史學界的迫切期待，也是「民國歷史文化學社」大力倡議出版日記叢書的緣由。

導言

侯嘉星
國立中興大學歷史學系助理教授

《吳墉祥在台日記》的傳主吳墉祥（1909-2000），字茂如，山東棲霞縣人。幼年時在棲霞就讀私塾、新式小學，後負笈煙台，畢業於煙台模範高等小學、私立先志中學。中學期間受中學校長、教師影響，於1924年加入中國國民黨；1927年5月中央黨務學校在南京創設時報考錄取，翌年奉派於山東省黨部服務。1929年黨務學校改為中央政治學設大學部，故1930年申請返校就讀，進入財政系就讀，1933年以第一名成績畢業。自政校畢業後留校擔任助教3年，1936年由財政系及黨部推薦前往安徽地方銀行服務，陸續擔任安慶分行副理、經理，總行稽核、副總經理，時值抗戰軍興，隨同皖省政府輾轉於山區維持經濟、調劑金融。1945年因抗戰勝利在望，山東省主席何思源遊說之下回到故鄉任職，協助重建山東省銀行。

1945年底山東省銀行正式開業後，傳主擔任總經理主持行務；1947年又受國民黨中央黨部委派擔任黨營事業齊魯公司常務董事，可說深深參與戰後經濟接收與重建工作。這段期間傳主也通過高考會計師合格，並當選棲霞區國民大會代表。直到1949年7月因戰局逆轉，傳主隨政府遷台，定居於台北。1945至1950這

6 年間的日記深具歷史意義，詳細記載這一段經歷戰時淪陷區生活、戰後華北接收的諸般細節，乃至於國共內戰急轉直下的糾結與倉皇，可說是瞭解戰後初期復員工作、經濟活動以及政黨活動的極佳史料，已正式出版為《吳墉祥戰後日記》，為戰後經濟史研究一大福音。

1949 年來台後，除了初期短暫清算齊魯公司業務外，傳主以會計師執照維生。當時美援已進入台灣，1956 年起受聘為美國國際合作總署駐華安全分署之高級稽核，主要任務是負責美援項目的帳務查核，足跡遍及全台各地。1960 年代台灣經濟好轉，美援項目逐漸減少，至 1965 年美援結束，傳主改任職於中美合營之台達化學工業公司，擔任會計主任、財務長，直到 1976 年退休；國大代表的職務則保留至 1991 年退職。傳主長期服務於金融界，對銀行、會計及財務工作歷練豐富，這一點在《吳墉祥戰後日記》的價值中已充分顯露無遺。來台以後的《吳墉祥在台日記》，更是傳主親歷中華民國從美援中站穩腳步、再到出口擴張達成經濟奇蹟的各個階段，尤其遺留之詳實精采的日記，成為回顧戰台灣後經濟社會發展的寶貴文獻，其價值與意義，以下分別闡述之。

一

史料是瞭解歷史、探討過去的依據，故云「史料為史之組織細胞，史料不具或不確，則無復史之可言」（梁啟超，《中國歷史研究法》）。在晚近不斷推陳出新的史料類型中，日記無疑是備受歷史學家乃至社會各界重視的材料。相較於政府機關、公司團體所留下之日常文件檔案，日記恰好為個人在私領域中，日常生活留下的紀錄。固然有些日記內容側重公事、有些則抒發情懷，但就材料本身而言，仍然是一種私人立場的記述，不可貿然將之視為客觀史實。受到後現代主義的影響，日記成為研究者與傳主之間的鬥智遊戲。傳主寫下對事件的那一刻，必然帶有個人的想法立場，也帶有某些特別的目的，研究者必須能分辨這些立場與目的，從而探索傳主內心想法。也因此，日記史料之使用有良窳之別，需細細辯證。

那麼進一步說，該如何用使日記這類文獻呢？大致來說，良好的日記需要有三個條件，以發揮內在考證的作用：（1）日記之傳主應該有一定的社會代表性，且包含生平經歷，乃至行止足跡等應具體可供複驗。（2）日記須具備相當之時間跨度，足以呈現長時段的時空變化，且年月日之間的紀錄不宜經常跳躍脫漏。（3）日記本身的文字自然越詳細充實越理想，如此可以提供豐富素材，供來者進一步考辨比對。從上述三個條件來看，《吳墉祥在台日記》無疑是一部上佳的日記史料。

就代表社會性而言，傳主曾擔任省級銀行副總經理、總經理，又當選為國大代表；來台後先為執業會計師，復受聘在美援重要機構中服務，接著擔任大型企業財務長，無論學經歷、專業素養都具有相當代表性。藉由這部日記，我們可以在過去國家宏觀政策之外，以社會中層技術人員的視角，看到中美合作具體的執行情況，也能體會到這段時期的政治、經濟和社會變遷。

而在時間跨度方面，傳主自 1927 年投考中央黨務學校起，即有固定寫作日記的習慣，但因抗戰的緣故，早年日記已亡佚，現存日記自1945 年起，迄於 2000 年，時間跨度長達 55 年，僅 1954 年因蟲蛀損毀，其餘均無日間斷，其難能可貴不言可喻。即便 1945 年至 1976 年供職期間的日記，也長達 32 年，借助長時段的分析比對，我們可以對傳主的思想、心境、性格，乃至習慣等有所掌握，進而對日記中所紀錄的內容有更深層的掌握。

最重要的，是傳主每日的日記寫作極有條理，每則均加上「職務」、「師友」、「體質」「娛樂」、「家事」、「交際」、「游覽」等標題，每天日記或兩則或三則不等，顯示紀錄內容的多元。這些內容所反映的，不僅是公務上的專業會計師，更是時代變遷中的黨員、父親、國民。因此從日記的史料價值來看，《吳墉祥在台日記》能帶領我們，用豐富的角度重新體驗一遍戰後台灣的發展之路，也提供專業財經專家觀點以及可靠的事件觀察記錄，讓歷史研究者能細細品味 1951 年至 1976 年這 26 年間，種種宏觀與微觀的時代變遷。

二

戰後中華民國的各項成就中，最被世界所關注的，首推是 1980 年代前後台灣經濟奇蹟（Taiwan Economic Miracle）了。台灣經濟奇蹟的出現，有其政策與產業的背景，1950 年開始在美援協助下政府進行基礎建設與教育投資，配合進口替代政策發展國內產業。接著在1960年代起，推動投資獎勵與出口擴張、設立加工出口區，開啟經濟起飛的年代。由於經濟好轉，1963年起台灣已經累積出口外匯，開始逐步償還美援，在國際間被視為美援國家中的模範生，為少數能快速恢復經濟自主的案例。在這樣的時代背景中，美援與產業經營，成為分析台灣經濟奇蹟的關鍵。

《吳墉祥在台日記》中，傳主除了來台初期還擔任齊魯公司常務董事，負責清算業務外，直到1956年底多憑會計師執照維持生計，但業務並不多收入有限，反映此時台灣經濟仍未步上軌道，也顯示遷台初期社會物質匱乏的處境。1956年下半，負責監督美援計畫執行的駐華安全分署招聘稽核人員，傳主獲得錄用，成為美方在台雇用的職員。從日記中可以看到，美援與中美合作並非圓滑順暢，1956年11月6日有「中午王慕堂兄來訪，謂已聞悉安全分署對余之任用業已確定，以前在該署工作之中國人往往有不歡而散者，故須有最大之忍耐以與洋員相處云」，透露著該工作也不輕鬆，中美合作之間更有許多幽微之處值得再思考。

戰後初期美援在台灣的重大建設頗多，傳主任職期間往往要遠赴各地查帳，日記中記錄公務中所見美援支出項目的種種細節，這是過去探討此一課題時很少提到的。例如1958年4月前往中橫公路工程處查帳，30日的日記中發現「出於意外者則另有輔導會轉來三萬餘元之新開支，係輔導會組織一農業資源複勘團，在撥款時以單據抵現由公路局列帳者，可謂驢頭不對馬嘴矣。除已經設法查詢此事有無公事之根據外，當先將其單據內容加以審核，發現內容淩亂，次序亦多顛倒，費時良久，始獲悉單據缺少一萬餘元，當交會計人員與該會再行核對」。中橫公路的經費由美援會提供公路局執行，並受美方監督。傳主任職的安全分署即為監督機構，從這次的查帳可以發現，對於執行單位來說，往往有經費互相挪用的便宜行事，甚至單據不清等問題，傳主查帳時一一指出這些問題乃為職責所在，亦能看到其一絲不苟的態度。1962 年 6 月 14 日傳主前往中華開發公司查帳時也注意到：「中華開發信託公司為一極特殊之構成，只有放款，並無存款，業務實為銀行，而又無銀行之名，以余見此情形，甚懷疑何以不能即由 AID（國際開發總署）及美援會等機構委託各銀行辦理，豈不省費省時？現開發公司待遇奇高，為全省之冠，開支浩大，何以必設此機構辦理放款，實難捉摸云」，顯然他也看到許多不合理之處，這些紀錄可提供未來探討美援運用、中美合作關係的更深一層面思考。

事實上，最值得討論的部分，是傳主在執行這些任務所表現出來的操守與堅持，以及這種道德精神。瞿宛文在《台灣戰後經濟發展的源起：後進發展的為何與如何》一書中強調，台灣經濟發展除了經濟層面的因素外，不能忽略經濟官僚的道德力量，特別是這些人經歷過大陸地區的失敗，故存在著迫切的內在動力，希望努力建設台灣以洗刷失敗的恥辱。這種精神不僅在高層官僚中存在，以傳主為代表的中層知識分子與專業人員，同樣存在著愛國思想、建設熱忱。這種愛國情懷不能單純以黨國視之，而是做為知識分子對近代以來國家認同發自內心的追求，這一點從日記中的許多事件細節的描述可以觀察到。

三

1951 年至 1965 年間，除了是台灣經濟由百廢待興轉向起飛的階段，也是政治社會上的重大轉折年代。政治上儘管處於戒嚴與動員戡亂時期，並未有太多自由，但許多知識分子仍然有自己的立場批評時政，特別是屬於私領域的日記，更是觀察這種態度的極佳媒介，從以下兩個小故事可以略窺一二。

1960 年頭一等的政治大事，是討論總統蔣中正是否能續任，還是應該交棒給時任副總統的陳誠？依照憲法規定，總統連選得連任一次，在蔣已於 1954 年連任一次的情況下，不少社會領袖呼籲應該放棄再度連任以建立憲政典範。然而國民大會先於 3 月 11 日通過臨時條款，無視憲法條文規定，同意在特殊情況下蔣得以第二度連任。因此到了 3 月 21 日正式投票當天，傳主在日記中寫下：

> 上午，到中山堂參加國民大會第三次會議第一次選舉大會，本日議程為選舉總統……蓋只圈選蔣總統一人，並無競選乃至陪選者，亦徒具純粹之形式而已。又昨晚接黨團幹事會通知，囑一致投票支持，此亦為不可思議之事……開出圈選蔣總統者 1481 票，另 28 票未圈，等於空白票，此皆為預料中之

結果，於是街頭鞭炮齊鳴，學生遊行於途，電台廣播特別節目，一切皆為預定之安排，雖甚隆重，而實則平淡也。

這段記述以當事人身分，重現了三連任的爭議。對於選舉總統一事也表現出許多知識分子的批評，認為徒具形式，特別是「雖甚隆重，而實則平淡也」可以品味出當時滑稽、無奈的複雜心情。

1959 年 8 月初，因颱風過境造成中南部豪雨成災，為二十世紀台灣最大規模的天災之一，日記中對此提到：「本月七日台中台南一帶暴雨成災，政府及人民已展開救災運動，因災情慘重，財產損失逾十億，死傷在二十五萬人左右（連殃及數在內），政府正做長期計畫，今日起禁屠八天，分署會計處同人發起募捐賑災，余照最高數捐二百元」。時隔一週後，傳主長女即將赴美國留學，需要繳交的保證金為 300 元，由此可知八七水災中認捐數額絕非小數。

日記的特點在於，多數時候它是傳主個人抒發內心情緒的平台，並非提供他人瀏覽的公開版，因此在日記中往往能寫下當事人心中真正想法。上述兩個小例子，顯示在政治上傳主充滿愛國情操，樂於發揮人溺己溺的精神援助他人；但他也對徒具形式的政治大戲興趣缺缺，甚至個人紀錄字裡行間均頗具批判意識。基於這樣的理解，我們對於《吳墉祥在台日記》，可以進行更豐富細緻的考察，一方面同情與理解傳主的心情；另方面在藉由他的眼光，觀察過去所發生的大小事件。

四

然而必須承認的是，願意與傳主鬥智鬥力，投入時間心力的歷史研究者，並非日記最大的讀者群體。對日記感興趣者，更多是作家、編劇、文人乃至一般社會大眾，透過日記的閱讀，體驗另一個人的生命經歷，不僅開拓視野，也豐富我們的情感。確實，《吳墉祥在台日記》不單單是一位會計師、財金專家的工作紀錄簿而已，更是一位丈夫、六名子女的父親、奉公守法的好公民，以及一個「且認他鄉作故鄉」（陳寅恪詩〈憶故居〉）的旅人。藉由閱讀這份日記，令人感受到的是內斂情感、自我紀律，以及愛國熱情，這是屬於那個時代的回憶。

歷史的意義在於，唯有藉由認識過去，我們才得以了解現在；了解現在，才能預測未來。在諸多認識過去的方法中，能承載傳主一生精神、豐富閱歷與跌宕人生旅程的日記，是進入門檻較低而閱讀趣味極高的絕佳媒介。《吳墉祥在台日記》可以是歷史學者重新思考戰後台灣經濟發展、政治社會變遷不同面向的史料，也是能啟發小說家、劇作家們編寫創作的素材。總而言之，對閱讀歷史的熱情，並不局限於象牙塔、更非專屬於少數人，近年來大量出版的各類日記，只要願意嘗試接觸，它們將提供讀者無數關於過去的細節與經驗，足供做為將我們推向未來的原動力。

編輯凡例

一、吳墉祥日記現存自1945 年至 2000 年，本次出版為 1951 年以後。

二、古字、罕用字、簡字、通同字，在不影響文意下，改以現行字標示。

三、難以辨識字體或遭蟲蛀，以■表示。

四、部分內容涉及家屬隱私，略予刪節，恕不一一標注。

日記照片選錄

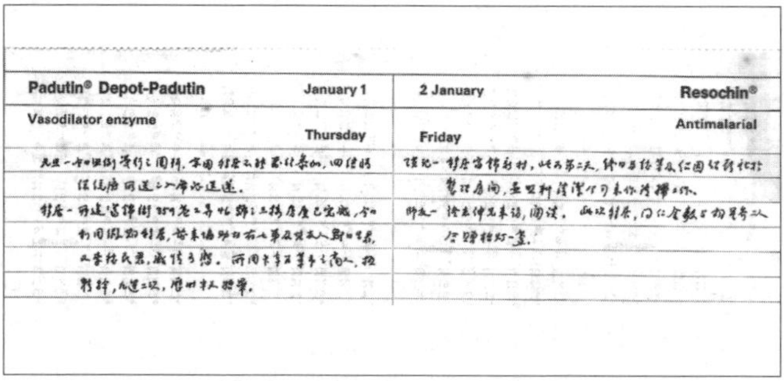
Padutin® Depot-Padutin January 1
Vasodilator enzyme Thursday
2 January Resochin®
Antimalarial
Friday

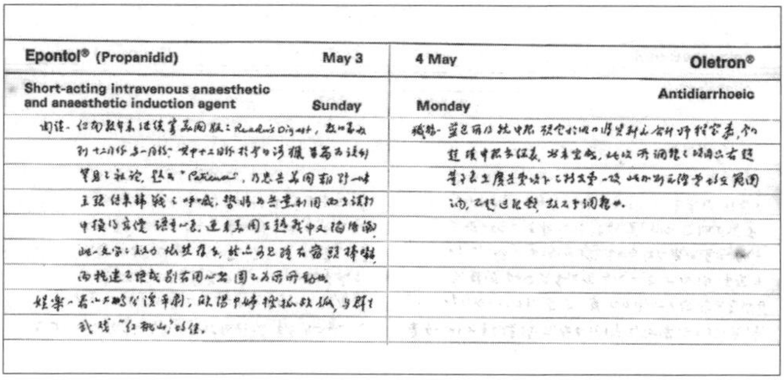
Epontol® (Propanidid) May 3
Short-acting intravenous anaesthetic and anaesthetic induction agent Sunday
4 May Oletron®
Antidiarrhoeic
Monday

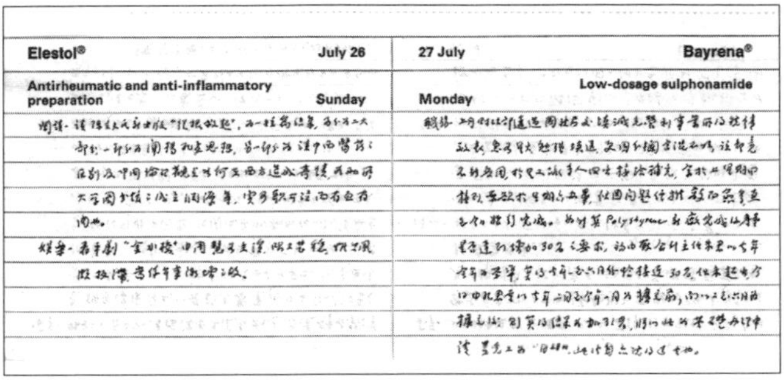
Elestol® July 26
Antirheumatic and anti-inflammatory preparation Sunday
27 July Bayrena®
Low-dosage sulphonamide Monday

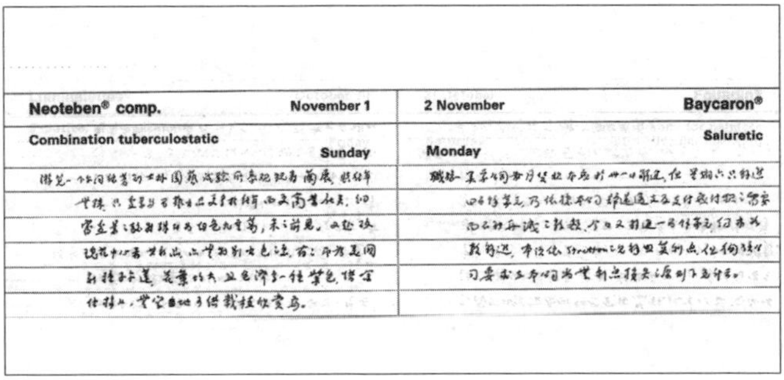
Neoteben® comp. November 1
Combination tuberculostatic Sunday
2 November Baycaron®
Saluretic Monday

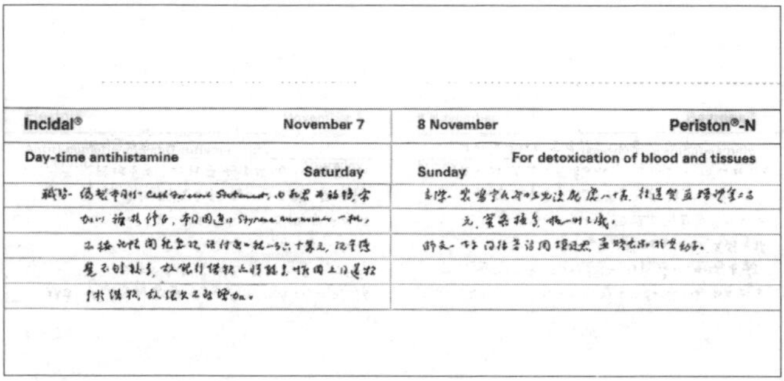
Incidal®
November 7
Day-time antihistamine
Saturday
8 November
Periston®-N
For detoxication of blood and tissues
Sunday

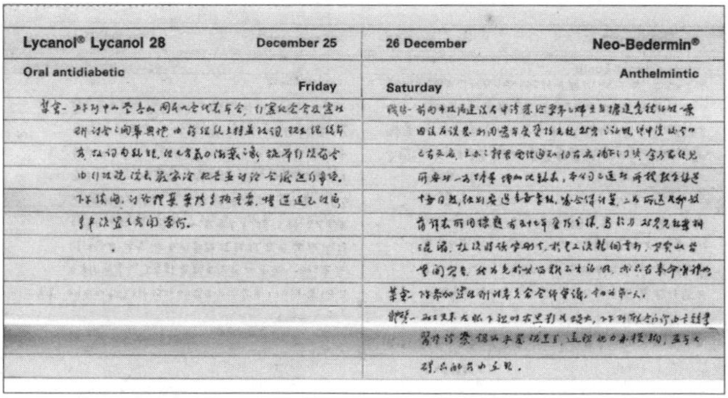
Lycanol® Lycanol 28
December 25
Oral antidiabetic
Friday
26 December
Neo-Bedermin®
Anthelmintic
Saturday

目　錄

1970年（62歲）

1月1日　星期四

元旦

今日照例舉行之團拜，余因移居不能前往參加，回信將總統府所送之出席證送還。

移居

所建富錦街359巷2弄46號之三樓房屋已完成，今日利用假期移居，前來協助者有七弟及其友人鄒日生君，又李德民君，盛情可感。所用卡車為菜市之商人，極精幹，凡運二次，歷時半天始畢。

1月2日　星期五

瑣記

移居富錦新村，此為第二天，終日與德芳及紹因、紹彭忙於整理房間，並照料清潔公司來作清掃工作。

師友

佟志伸兄來訪，閒談。此次移居，同仁金毅與胡星喬二人合贈檯燈一盞。

1月3日　星期六

職務

今日開始年後辦公，除例行事務外，即為趕填行政院賦稅改革委員會之調查表，目的在明瞭各界對於貨物稅與營業稅之現制反應。

1月4日　星期日

師友

聞余移居而於今日前來道賀者有張中寧夫婦，並贈咖啡盃，又有李公藩太太，贈織圖陳設品及蘋果。

家事

全家仍在整理移居後之房間，並由故紙堆中尋出若干十年以前之執行會計師業務查帳文卷，因年代久遠，依法不必再加保存，因而予以銷毀，同時年來所集之書畫印本或書籍向未能集中一處，由此而得以集齊放置於一柜內，一大佳事也。今日先後由電機商將保養之冰箱與冷氣機送來，並安裝就緒，二者皆為利用搬家前後之時間予以處理，使不增遷移之負擔者。

1月5日　星期一

職務

與高雄廠會計課長朱君及本處周君談十二月份之特殊帳項問題，包括補提折舊問題，及由於今年開始採用標準成本制度，在銷貨成本用移動平均法下之年終盤存如何負擔一部分之成本差異問題，均甚費周章；同時又與 Stretton 談關於十二月份特殊帳項，包括上述之加提折舊與可能加提之呆帳準備與年終獎金平時所提不足等問題，亦尚無具體結論。

省克

前見有警世句甚值玩味，茲再錄備查考：「天下存二難，登天難，求人更難；天下有二苦，黃連苦，貧窮更苦；人間有二險，江湖險，人心更險；人間有二薄，春冰薄，人情更薄。知其難，守其苦，測其險，忍其薄。」旨哉言乎！

1 月 6 日　星期二

職務

高雄廠代美孚公司建立之槽匣與倉庫已經完成，擬來受託經營之收費辦法，今日余與周、朱二君討論其內容，認為大致平妥，僅有微細之點與原合約有所出入，經加以潤色後即交朱君託人譯成英文，以便由 Stretton 核閱後再送美孚公司徵求同意云。

1 月 7 日　星期三

職務

客戶換貨之不能合理處理為高雄廠加工工場之癌，此事已再三開會規定，但今日又發現有工料於十二月份使用，而不知已否將舊貨退廠，亦不知是否回收原料，以致實際追加成本若干，無從確計，乃與朱、周二君決定再查，如確未曾換進，即暫作未成品列帳，其實非是也。

交際

晚，由美國銀行與台美兩家聯合召集舉行外資會計人員聚餐，並由柯達公司提供 Apollo 11 登陸月球彩色片放映半小時。

1月8日　星期四

職務

今日應將十二月份銷貨收入及成本與費用及盈餘電報紐約，其中當月份正常項目尚無問題，且因銷貨額多而純益達到標準，最困難者為若干年底調整項目，如呆帳準備之增提，折舊自58年年初起政府規定之增提，與年終獎金平時提撥數目之不足等，皆將增加本月份之損失，所幸其數在十二月份純益以下，故趙董事長與Stretton總經理認為照規定辦理即可，只須最後不表現當月為赤字即無問題，經即估計數字電達紐約，其中包括二項，一為當月份的盈餘九十六萬，二為特別提撥之後變為盈餘十餘萬元云。

1月9日　星期五

職務

草擬一項Monthly Cash Forecast Statement格式，此為Stretton總經理之要求，將每月收入支出與現金餘絀於月初時加以計算，製表作為當天調度財務之參考，其實此等事不必如此故張聲勢，以本公司之財務情形，固可不加計算而知其大概之餘絀也。

家事

移居富錦新村因太僻靜，幼女紹因逢週五須上台大之夜課，在電話未移來以前，無法預定時間到公共汽車站伴隨其回家，今日乃採臨時辦法，余到南京東路台達公司相候，然後一同回寓云。

1月10日　星期六

職務

辦理五十八年本處同仁考績，此次考績不必加評語，只須按所列五個項目，每項畫出分數即可，本處共有五人，每人之總分均在八十以上，但高下有異，計周煥廷為94分，孔繁炘與高秀月各為90分，王昱子為84分，王淼為80分，其中差異之主要原因為學識多數不能求進，又不能專心致志於本位工作，故難獲滿分云。

娛樂

晚，與德芳到中山堂看國民大會電影，為中央電影公司李行導演白蘭主演之玉觀音，此為得獎之影片，主題正確，故事感人，果然名不虛傳。

交際

晚，趙廷箴夫人在中泰賓館舉行五十壽宴，計二十席左右，並有表演節目助興。

1月11日　星期日

師友

上午訪張中寧兄，面贈西裝料一件、女衣料二件，為其幼子緒正在美結婚之賀禮。

參觀

到法院參觀監所出品展覽，品類甚盛，但標價頗高，與市價相類，此為往年所無，可見其生意經也。

家事

上午到永和鎮訪姑丈，不遇，留字告已遷移富錦街新址，並面託房東相告，此地難尋，望勿來訪。下午七弟率兩女來訪，並留晚飯。

聽講

行政院文化局舉辦之中國文化研習講座，今日由吳炳鍾氏講語言學，頗多創見，然語言學題目太多，甚不易在短時中把握重點也。

1月12日　星期一

職務

與宋作楠會計師事務所之菲籍查帳員 Veloso 長時間談其查帳間所發生之問題，彼所詢者，余一一作答，但亦有經向孔、周二君詢明後始作答者。彼所指之事項，雖皆為小事，然皆頗中肯，例如 Leasehold Improvement 已攤提完畢，經將資產原值與攤銷準備互沖，彼意目前尚在利用中，且價值不低，應任其雙方在帳面表示，非至移住讓屋變為無值時，不予沖銷，以示對資產之 control；又如前年所得稅補付額，在預付所得稅內列帳，其實應為當年費用，平時未加注意，至此知應轉入費用帳內矣，此人年非甚長，而態度謙和，且細心耐煩，殆此業中之翹楚也。

1月13日　星期二

職務

自本年起 Stretton 囑每月初編製 Cash Forecast 一次，今日余將一月份編製，現金收方列上月結存與月底由美孚收到之整筆貨款，送 Stretton 核閱，認為仍不理想，蓋彼之目的在將月內之短期收支借入款亦能表示，余意則此種想法徒然混淆，然彼仍堅持其主張，認為有改變格式之必要云。查帳人員對於高雄廠所算之改變折舊額，認為應以本公司已經先行加速之標準為起算根據，不應以改變前者為基礎，余意亦同，但電話詢之高雄廠，謂乃係依照財部規定辦理，自然有咬文嚼字之嫌，余對查帳人員表示其所指陳無誤，但因成本已經計好，如加改變，則為數戔戔，而工作繁多，仍以不予更張為宜，彼已同意。Stretton對於本屆考績，除由各部門主管劃分數而外，今日又要求擬定加金額若干，余將所屬五人分別擬定為加800元至300元不等。與高君同到花旗銀行申請開立進口四部加工品機器之Usance credit。

1月14日　星期三

職務

查帳人員Veloso提出若干會計問題，有涉及最複雜之出口退稅問題者，有涉及折舊額之計算基礎者，均不能立即得其要領，而時間迫切，又不能不加以立即了解，於是在侷促中只好為急就之解決，甚覺匆忙，而又無可如何也。寫作十二月份會計報表之cover letter，因年終調整項目較多，故須多加說明，同時查帳人員亦要求早將報表編就，並與彼取得聯絡以便步調齊一云。

1月15日　星期四

職務

十二月份結帳後之monthly letter昨只寫出其半，

今日分析成本與費用等，鑒於其中成本含有增提折舊與費用中增提呆帳準備等，均對盈餘影響極大，故須在函內說明，又查帳人員一再提出意見，對於盤存中有稅原料與無稅原料之互相挪用影響存料作價提出意見，要求調整，因而資產負債表無法立作決定，擾攘竟日，直至下午始作最後之定局，而將函件稿本交 Stretton 核閱，同意發出云。編製十二月份資本支出表，因此表之年底累計數須與年報表內資本支出表之 New Money 數額相對照，故於表成後等候將各帳面數字之淨增數加以核對，始作最後決定，結果所差甚微，不過美金六十餘元，乃在表內將此數加入，庶可與帳列者相符云。

師友

上午同張中寧兄到榮民總醫院看陳果夫師母之病，並因今日為其生辰，兼表祝賀，至則陳師母已請假回寓，乃留水果與卡片而返。

1月16日　星期五

職務

十二月份之帳務為一特殊之月份，蓋有若干調整事項為平時所無也，總經理 Stretton 好勝心強，對於十二月份之營業情形表示於余所寫致紐約信內者，本已認為可以表達，但各事齊備後彼又發奇想，以致待發之信又須保留。蓋彼所思者為假定不包括此等年終調整之帳項如呆帳準備之增加，加速折舊之加列等，應有一當月份之數字，此數字在理論上應達三萬美金，比結帳盈餘之不滿一萬元者，多出二萬有奇，而未在信內敘明，於是彼乃主張另加一簡單之計算表，由結出之三萬元起算，然後歸結於不滿一萬元之結果，更然後又加入以前月份多準備之所得稅而於本月份照倒數加入，於是又恢復將近二萬元之純益，凡此種種，本為函內所指出，但不用簡表方式，於是彼乃以可供邀功之見地而予以另加簡表之設想云。

1月17日　星期六

職務

Stretton除對於十二月份盈餘有其不同之看法，今日已將其所指出之屬於當月份營業盈餘毛額，另用簡表在信末加以補述外，彼對於十二月份Capital Expenditure報表亦有不同之看法，蓋該表之第四欄為Current estimate for the full year，余照往例係將各項計劃之總金額列入，但彼意應將第一欄之Actual to date數加以重列，表示十二月底即為全年也，余意則因兩個計劃均將有Carryovers，所謂Full year應包括Carryover在內，彼不能決定，乃在表上加註其本人意見，仍用原表送出以待紐約方面之反應云。

1月18日　星期日

閱讀

讀吳博全著「日本的鏡子」，為一小品之結集，記載新聞記者訪問團在日本之見聞，對於日本二次大戰後，利用不支付國防費用而達成之復興與經濟發展有極其鞭辟入裡之觀感，然大部分溢美之處多，而僅於末尾有一段頗富意義之批評，希望日本放眼看今日亞洲，日本在亞洲猶如東京對於全日本，不可成為孤芳自賞的花朵，而必須有所準備，在今後亞洲事務中，分擔較多之義務云，可謂語極中肯。

交際

上午與德芳訪比鄰四十四號二樓之董百洵君，至則知亦為國大代表同仁，渠移來已半年，對於治安情形亦自相當警覺，余因雙方可由後院望見，故希望在家中無人時能以電話互相通知，便於注意有無特殊動態云。

1月19日　星期一

職務

今日忙於二事，一為編製一月份薪俸表，俾明日按期發薪，其中有顧問二人於年底聘期屆滿，詢之總務經理林天明，渠轉詢 Stretton，均未能斷言是否續聘，余乃照舊編入，但暫將支票保留，俟知是否續聘，再行決定是否照發；二為編製去年全年保險表，乃年報表內表式之一，須由各種記錄內蒐集資料，至晚尚未完成。在編製中見周君所編其他年報表亦將次完成，惟其內容有不能完全肯定處，主因所發表式多有改變，而所用之 Manual 則未有修正本隨發，緣是若干表式只能由其分欄名稱酌量會意填入，而不能斷定有無錯誤云。工廠換貨問題花樣層出不窮，現竟有已用過半年以上無法恢復原料之成品換回，而來信詢問此種廢品如何處理，余因換貨是否可以廢品為之，乃業務處應加權衡之事，乃註明請其察酌如有必要而簽請總副經理作為損失列帳，但該處不肯負責，余深為氣憤，正告以此本非余份內之事，既無人負責，余將原信退回，請其速洽業務處辦理，此種做事推諉責任之官場習氣，竟傳染至民營事業，可為浩歎！

1月20日　星期二

職務

今天全部時間仍用於年報表，余須自編者有保險表，與資產抵押表等，而周君全部表須由余複閱並加補充，且其中若干問題不能不再加檢討，於是費去時間極多，預訂今日可以開始打字，直至傍晚始行開始，明日交郵，距限期之23日已只有兩天矣。

體質

半月前染髮後搔癢之感特甚，昨日又須再染，仍由紹因為余塗染，夜來分泌黃水，枕巾為之濕透，今日在聯合門診診察，配來內服 Allercur 及柯體松藥膏一種，塗後情形略好，漸漸乾燥，但癢感不息，尤其乍熱乍冷時為然。

1月21日　星期三

職務

編製 Mobil Directors Fee Account 之八至十二月份報表，此為該帳由美孚移來本公司由 Stretton 管理後之第一次報表，雖內容無多，而須查閱收支情形，頗費周章。寫作一月份提會報之資料，此次會報為擴大舉行，而時間又在下旬，故報告數字可以包括十一與十二兩個月及全年累計數，另外因須有提案，故加入兩個討論事項，一為討論呆滯原材料在一年以上未動者有150萬元，是否應提準備，二為加工廠模具使用淡旺不均，有已折舊完畢而仍在使用者，其影響為成本不合理的降低，有不甚使用，而帳面價值不甚降低者，實際絕不能長此不變，故提出以前者之折舊移於後者之準備，以期兼顧云。

1月22日　星期四

職務

1969年報表昨已編製完成，因紐約需要份數加多，須打字兩次，以致今日下午始全部打好，而紐約之到達限期為二十三日，郵寄萬難趕到，乃託人到機場遞送，至則來電話云因檢查人員下班，必須明日交運，但可負責次日到達，余因如次日到達等於次週一到達，誤期太久，乃詢以如何可以當天送到，因據云其到紐約時間為上午十時，則當天收到之可能極大也，據答云可以預告紐約方面之電話號碼，俾該地航空公司可以抵達後通知收件人往收，於是照辦，一面以電報通知Flight No.與航空公司，以免脫節云。開始編製去年代扣繳綜合所得稅申報表，此次申報已由半年一次改為一年一次，份量加倍，雖逐戶之資料由助理人員代填，但算列總表，亦自需時，今日全日尚未告成云。

1 月 23 日　星期五

職務

去年所得稅扣繳報告表編就後，與發薪紀錄相核對，久久不能相符，其原因為在每月報繳時所記之免繳數額有時有誤，又去年一至三月份按舊辦法扣稅者，以後有變為免稅，每月計入免稅額內，而全年扣繳憑單不能填用免扣繳憑單，緣是全部紀錄之免扣繳人數與按人記載之免扣繳範圍，不能一致，此為過渡年度無法避免之事，雖在報告表上不易為稅務機關發現，但本身所發生之差誤必須先行自己明白，並作說明存卷，今日費時良多，而猶無結果也。編製半年來工作要點一種，備擴大會議之參考。查帳員菲律賓人 Veloso 之索取資料事宜，雖查帳已畢而仍不絕如縷，其中有二事已談數次，仍無結果，一為聚苯乙烯五年免稅事，彼必須將去年奉令不准而又申請訴願一事寫入報告，但寫時雖參考兩會計師之請願書，而中文太差，用英文摘述時竟不能達意，乃告以如何修改，並主張不必太過強調，彼意終不相同，二為各有關公司互相為應海關或銀行之要求而背書本票事，在理論上自為 Contingent Liability，但事實上近於毫無責任，彼強調此點寫入報告，余意不以為然，至於彼同時要求將銀行因保稅而要求開發之本票開列數目，則允向高雄廠調查開送云。

1 月 24 日　星期六

職務

去年扣繳所得稅之差額問題，經今日繼續查核，已將內容完全查明，其中一部分為由春間已扣稅變為後來之免扣，但須列入扣稅之人員中將全年收入均作為扣稅收入，另一部分則為在繳納時所填之報繳書課稅所得額計算上有誤，此種情形凡有三個月，所以致此，則因稅率與稅額完全不生勾稽之關係，故不易當時發現也，以上差額在申報表上只能將前者註明，對於後者則不能加註，故寫工作表存卷備查。

交際

朱興良兄前為其父母百年冥誕徵求文字，並託轉向陳丹誠氏等徵求書畫，經德芳向陳丹誠與徐飛二氏各求得畫件一幅，余乃趕寫對聯一副，一併交郵：「春暉日麗，百年啟瑞，天上神仙不老；德澤雲深，八皖垂則，人間歲月俱長」。

1月25日　星期日

家事

紹彭投考陸軍官校新設技藝專科，筆試、口試於今日在成功中學舉行，余往陪考，據云考試內容甚為簡單，故不需預定之全部時間即可完卷，今日應考之學生約五、六十人，似可有相當之錄取比例云。

旅行

下午四時半乘觀光號火車南下，行至銅鑼以南，突然機車損壞，乃退回銅鑼，將適到該站之另一列車之機車截下改用，然後續行，於十一時半到高雄，誤點一小時，此為觀光號余之第二次經驗，火車管理似漸漸暴露弱點。

1月26日　星期一

集會

全日在台達公司高雄廠舉行擴大業務會報，屬於本處者由余照所擬書面報告另用英文口頭譯述，末並提出兩件提案，一為對於呆滯成品原材料計150萬元是否應提準備，二為模具折舊可否採用統籌方式，決定前者先由各有關部分審查各項品名內容，再作計擬，後者則由各關係部門再作討論然後決定云。晚餐在華王飯店全體員工聚餐，並有公司內外之餘興節目及抽獎等，氣氛極為歡洽，今日為十周年紀念，情況熱烈不在前年一次大會以下云。

1月27日　星期二

旅行

上午七時二十分由高雄乘光華號火車北上，此車只在台南與彰化兩地停靠，速度為各列車之冠，於十二時到達台北。

1月28日　星期三

職務

趕製去年所得稅扣繳申報表，其中最費周章者為部分達起扣點之人員，在新扣繳標準半途公布時又改為未達起扣點人員，以致上欄之達起扣點所得額與下欄之報繳額不能一致，前者大於後者，為免於表內發生難解之事，乃在下欄加列一行差額數字，摘要為「三月後改列未達起扣點之數」，勉強可以說明，其實其中且有微額每月報繳之誤差，此為今年起須十分加以注意者。

體質

上週染髮中毒，搽藥後本已結痂漸漸脫落，但三日前又突然奇癢，再搽藥膏，又出黃水，今日試撫，又有若干硬突之處，且背部亦有波及，下午再到聯合門診，由張新湘醫師診斷，配藥外用者曰 D. A. Ointment，晚第一次塗搽，又出黃水甚多，又內服藥一種，醫師謂藥性甚強，三天後當見效，今日服用第一次。

瑣記

張正澤君持鍾鼎文代表介片來訪，將承租羅斯福路之舊宅，折衝結果，定為月租二千元，三個月一付，另押租二千元云。

1月29日　星期四

職務

因去年扣繳申報已近屆滿，今日上午趕將打字用印及分別裝訂等手續辦完，於下午送該管國稅局稽徵所驗印，至則人山人海，無法排隊等待，因見舊識之潘文雄君在該處辦理，即將各件交彼辦理，定明晨往取。本公司興建 High Impact Polystyrene 廠之雛形已具，約需資金一百五十萬元美金，Stretton 囑按該計劃內容試擬投資申請書，余今日向工務處調到該一計劃，即擇其要點列入經濟部所定申請書之空白，但基本條件是貸款抑是投資，Stretton 亦不能肯定，余因鉅額貸款仍應用投資歸還，故直接用 Mobil 增加資本之方式填列，恐其閱後又須修改，故只列要點，且各項明細資料亦尚在公務處研擬之中，故申請書附表亦只填列一部分云。

1月30日　星期五

職務

昨日所辦扣繳所得稅申請，經交潘君後，今晨往洽，云均相符，只有租金部分原扣5%者在新規定改扣10%後未行補扣，望立即補扣繳庫，補送報繳書改正扣繳憑單送驗，即可完事，乃歸囑經辦承租之金君，向房東補收足額計共3,300元，送繳公庫，然後持往換回各件，經一檢查，又缺少房租扣繳憑單第二聯一張，潘君處亦無多，乃再於歸後補填一張，備明晨再請補蓋。

集會

上午出席小組會議，報告事項有最近進行建築住宅之情形，據云自各方責難後已在積極進行，期於雙十節前完成第一批650戶，同時辦自建自購250戶，一面另在天母等處購地云。

1月31日　星期六

職務

再到國稅局將昨天失落之租金扣繳憑單加寫一聯，送請加章，今日等候者之多，更甚於前數日，此一方法如不圖改進，恐將釀成事故也。部分扣繳憑單於今日發送各納稅義務人備明日使用。

家事

楊正澤君上午來訪，簽訂羅斯福路房屋租約，月租二千元，三個月支付一次，押租二千元，但彼要求延至四月一日交付，已經口頭同意。

交際

晚，本公司與聯繫公司十二家在中泰賓館聚餐，並循例摸彩與表演餘興，大部分由華夏公司提供。

2 月 1 日　星期日

家事

下午，同德芳到羅斯福路舊居晤今日移入之房客楊正澤君，面交門鑰，並詢問有無不便等，又晤後鄰李寓，以現金酬謝其一月來代為照料門戶之盛意，並訪鄰居姚冠午夫婦等。

參觀

同德芳到婦幼中心參觀傢具陳設展覽會，頗多極精美之產品，但價格甚高，能達到此一消費標準者仍為少數人也。

2 月 2 日　星期一

職務

本公司本年考績前經各部門主管將擬定加薪數送 Stretton，今日渠逐一商討，余所擬者係參酌去年數目，並按 10% 加晉，且略有高低，經討論後，決定將原擬之周煥廷加 800 元改為 1,000 元，孔繁炘加 800 元改為 900 元，王昱子加 500 元，高秀月加 600 元，王淼加 300 元。

體質

染髮中毒極纏綿，昨晚頭皮奇癢，不能入睡，俯身始克稍舒，然右手各指皆麻木終日未愈，下午到聯合門診看病，取來柯體松及長尖形之藥片，塗食兼施，又背部亦始終不見好轉，痛苦不堪。

2月3日　星期二

職務

為代美孚建立在高雄廠之儲槽與倉庫，前由工廠擬付代墊款項收回辦法一種，譯文幾經修正，始於今日將信辦好，致美孚公司，請對全文表示同意，並主張自一月一日開始營運。

家事

下午到永和鎮姑丈處，約舊曆除夕往迎來寓吃年飯。

2月4日　星期三

職務

間接外銷退稅為極盤根錯節之問題，加以客戶申退之稅係以現款方式為之，收款後由於外銷品係用無稅（即用保稅方式進口者）原料製成，故所收現款只能作為應付款，以待沖退記帳關稅不足額時用現金抵付之用，今日因去年底以前所收此種現款有急加整理沖帳之必要，故約集本處主辦，工廠會計主管與營業主辦會商早予清理，以便沖退並於限期內補足不能沖退之差額云。記帳進口原料須由銀行擔保進口，在進口金額確定時即為公司對銀行擔保之或有負債，上述因現金暫行列帳而須待清理後始能了解之未沖退餘額，按原理乃為一種或有負債，然因收進現款，一旦解抵，即使此負債為之消除，故又似不構成或有負債，余與周君討論此點，彼持後說，余則持前說，蓋單純的對擔保銀行言，在銀行對海關一味解除擔保責任，彼即有向本公司取償之權利，至於待抵付沖退之現款，乃另一種負債，不問其來源如何，殊不宜予以混淆也。上午舉行臨時會議，討論紐約來函囑即著手準備之 1971-1975 Objectives，初步銷貨與建廠等資料由 Stretton 加以草擬，以作為各單位準備詳細資料之準據云。

2 月 5 日　星期四

職務

上月份之盈虧估計因春節假期關係，於今日提前送出，余初按上月之成本單價算出只盈三十餘萬元，經再加以推敲，始知上月份福美林單價含有全年之加速折舊四十餘萬元，於是加以調整，增至七十餘萬元。又準備去年年報表之 Representation letter 資料，依查帳人員之意思加入 Contingent Liabilities 一段，分列為各公司背書擔保事項及未沖退之銀行擔保進口關稅等事項。

家事

下午到姑丈家接其來吃年夜飯，飯後由紹彭再送回永和鎮。

2 月 6 日　星期五

交際

今日為舊曆新年，上午八時到華夏公司與各聯繫公司舉行團拜，然後到會賓樓與山東同鄉舉行團拜，演說者有楊寶琳、裴鳴宇、陶子厚、張同生、延國符等，多就最近山東工商界籌集獎學金事有所發揮。上午再到金華街參加政校校友會團拜，並有劉校長致詞。上午到趙榮瑞、佟志伸兩兄家拜年。今日來羅斯福路舊寓拜年者有黃德馨、楊紹億、趙榮瑞、冷剛鋒、王一臨、金鏡人、戴慶華單家順夫婦，到富錦街新寓拜年者有李德民夫婦、吳伯實、佟志伸兄等。

2月7日　星期六

交際

上午，張中寧兄來拜年。上午出外到中和鄉為姑丈拜年，又到各處答拜，計有于永之兄（其少君政長昨曾來）、冷剛鋒兄、王一臨兄、黃德馨兄、金鏡人君、楊紹億兄、張中寧兄及周天固兄等處。

2月8日　星期日

交際

上午同德芳出發拜年，先到馬麗珊女士處，因其曾於初一到羅斯福路送水果，故以奶粉與餅乾回贈，又到木柵李德民君處，檳榔坑獅頭路戴慶華女士處，然後由余一人到崔唯吾先生與劉振東先生處，最後到板橋童世芬兄家而返。

2月9日　星期一

職務

今日恢復辦公，但下午仍休息半天。Stretton 召集會議討論趕編 1971-1975 Objectives，以其自己所擬之銷貨數字為藍本，徵求意見，由於此等文件只有參考作用，故無人認真發言，只求速將此種資料集齊，以便編成一套表格送紐約交差。Stretton 將今年考績之會計人員部分交余，並面告余增加1,500元，改支12,000元，並云余之表現極為優異，但希望向來由余負責辦理而不為他人所知之事項如納稅及其他與政府接觸之事項，亦能漸漸由他人接辦，以免必要時有脫節之虞，余告以事實上在事後他人皆知，但有時他人不能適時的加以注意，故余責無旁貸云，余意此等事可漸漸交孔繁炘君，此人曾在政府機關做事，甚為練達，至其本身每天瑣碎事項以及查帳人員數次建議將原由高雄廠登記之各種明細帳移由台北記載之增加事務，應加用一大學畢業生從事工作，庶可兼顧，彼亦首肯。

2月10日　星期二

職務

今晨對本處各同仁逐一通知調整待遇之情形，多表示反應良好，余初以為對本處同仁能有優異之考績，及見全體加薪情形，知亦不過爾爾，好在在內部秘密之情形，尚能維持於一時也。今日由全體調整待遇情形觀察，余日昨認為本身加薪一千五百元照往年已破紀錄，今年仍應屬特殊情形，實為大謬，蓋今日知超過余之增加額者尚有高雄廠長與總工程師，均約當余所加之一倍，而去年則前者只比余多一百元，後者則少余三百元，今年則相差懸殊，余忖蹉其原因，應為：（1）對工程人員又恢復其優越感，（2）彼等均較為年輕，慮其為他方所吸收，由此余乃興老大之悲，余固非計較得失之輩，然深覺自尊心受甚大之打擊也。又Stretton昨日與余談話，希望余勿將納稅與政府接洽之事項視為非余不可，又力言對於紐約之要求事項勿延擱過久，舉上月杪 Berry 來信要求澄清查帳報告未辦事項為例，由此次調整待遇之情形言之，彼蓋有所為而發，實則每日例行事務太多，余固不能面面俱到，此等人對於任使之苛細，毫不留餘地，可為深長思也。

2月11日　星期三

職務

寫作去年 Kusako 查帳報告依 Mobil Chemical 之會計長 Berry 來信所指之 open items 之執行情形，交 Stretton 閱後，據云此一會計長又將調職，故信改致 C. C. Fisher，內容則無何改變。發出本年決算表之 Representation letter 及附表之 Contingent Liabilities，其中並經 Stretton 與樓上外國人核對延誤兩天，始為定稿。編製一月份 Capital Expenditure Report，包括本年支出與 1969 Carryovers。

2月12日　星期四

職務

編製去年第四季產銷量值季報表，此為應中華開發信託公司之要求而編製者，但因貸款已於今年一月底償清，故去函聲明自本年起不復編送各種表報云。

集會

下午參加國民大會代表春節聯歡會，由陸軍供應司令部火牛康樂隊演出舞蹈歌唱與新型平劇與數來寶等，最後為摸彩，計有三十餘獎，但未獲中，只有幸運獎普發小方毛巾一幅。

2月13日　星期五

職務

一月份之會計報告於今日完成，本應將分析之函件寫好，但因臨時有他事外出，只好留待明日完成，但大部分已於今日寫好。大體言之，因銷貨額之降低，致成本與純益皆為降低，而銷貨額降低則歸因於聚苯乙烯之有競爭品上市，與國外受匯兌管制影響不能如期將 L/C 開到所致也。Stretton 囑余確定 1971-5 年 Objectives 何時寄到紐約，余告以須看工程部分何時將擴建資料供給完成而定，遂即與工程部潘君洽商，並進一步與周煥廷君研究該項資料到後尚須若干時日，初步決定潘君於下星期三交卷，本處則於下星期六交卷，乃告之 Stretton，彼大不以為然，認為此事殊簡單，如由彼自辦，數小時可以完成，余正色告以余不能為無米之炊，請召集各該關係人員開會決定，彼乃約潘、周二君，一再催促，並主假期加班，將限期提早至下星期三，彼並將先電紐約云，余今日對此人之任使態度極感厭惡，故初次忍無可忍，以厲色相加，後加細思，覺亦無味也。下午與 Stretton 應約到花旗銀行與其經理及主管人員洽談未來數年本公司用款問題，彼等根據以前 Stretton 所交之 Ostberg 所編十年計劃重作現金流量表，將 1970 者之需要現金數大為提高，然實際上本公司又另編 1970 現金流量表，其中 Capital Expenditures 大為減少，於是結果有異，研究結論因本公司正在編製 1971-5 Objectives，待下星期此一文件脫稿後再行商談云。

2月14日　星期六

職務

寫作一月份報表之解說函致送紐約，簽字後經Stretton發現二項誤點，一為EPS之平均外銷售價依高君所填為美金440元，實際應為220元，二為所指稅前純益之金額實為稅後純益，余近來常有不自覺之錯誤，而辦事時常腦筋遲鈍不靈，計算時亦缺乏自信，常須委託他人予以複核，但事事不能有餘裕時間複核，即有漏洞發生，以視二、三年前馬賓農副總經理謂本處之錯誤最少，殆有恍如隔世之感。

交際

午，參加公請汪菊箴君，為其離職餞行。

2月15日　星期日

旅行

上午到機場乘中華航空公司飛機赴高雄，下午並由高雄乘公路汽車赴台南搭該公司飛機回台北，此為數年來未乘之國內航線，較前已進步多多。

師友

到陸軍官校黃埔三村四巷二號訪任福履同學，探詢官校報考專科生之內容，據云完全為補充正科學生之不足，將來出路不外連排長等，故不易學成技術專長，任同學之意應視其興趣進入學校，但應以正科為主，不可亂入短期科班，以自限其前途，又謂軍中之專科教育，並無特色，有之亦僅空軍機校學習內容不讓大學之理工科云。

交際

晚，參加葛副總經理之宴會，全為公司中之要人。

2月16日　星期一

職務

Stretton已催問逾十次之本月份Cash Forecast，余於今晨為之編就，大體言之，本月底將較上月底增加銀行透支三百萬元。將高雄廠提送對貨物稅改進意見加入本處對營業稅印花稅意見，合成一份整表，將送賦稅改革委員會參考。

下午舉行本月份業務會報，余對報告事項外並提出討論事項一件，即如何規定對於原材料之因退貨而變為不能回收者，如何處理其損失，是否歸當月負擔，及如何核准之權限，Stretton認為有決定之必要，但仍用其一貫之見解，即會後再行商定。

2月17日　星期二

職務

編製二月份薪給表，此月份之表費時獨多，原因為薪級均已重新核定，所得稅扣繳額須逐一查閱公定表式，必須補發一月份應追加之數，連帶的補扣所得稅差額，又在本月份連帶發給考績獎金，董事長、總經理與副總經理各為二個月，經理階層則各為一個月，此一特別支出由年終獎金應付款內支付云。

2月18日　星期三

職務

編製完成之二月份薪俸表今日經 Stretton 核閱後發現有誤，蓋彼所交余之新定待遇表，只有新額一欄，未有原額與增加額，而其原額中之高銓一人經總務處誤低列四百元，故增加後仍低四百元，無法可想，只好於明日再為補發矣。紐約忽來電索二、三兩月估計純益，乃趕向業務部分索銷貨預計，本處則核計成本與費用額，結果二月份約可盈餘不滿美金千元，但三月份則可盈餘二萬八千元，經以電話詢之 Stretton，又將後者降為二萬三千元，以免太過冒險云。

交際

晚參加外資公司會計人員聚餐。

2月19日　星期四

職務

1971-5 Objectives 由周君將初步稿作成，交之 Stretton，彼對於基本作法有一成見，即依照銷貨額武斷定出純益數，然後倒求成本與費用等，周君表示如此背謬，無能為力，余意同感，乃對 Stretton 表示有一生吞活剝之方法，即依上兩已知數，求此一未知數之內容，其法為依照去年各項成本及費用之百分比推算此後五年之成本與費用數，但如紐約方面在審閱時發生有不能首尾相顧之情形時，應勿懼受人之責難云，彼云即照此法辦理，彼不之懼云。本月需款浩繁，下午到花旗銀行洽借外銷貸款美金八萬元，已准照借。

師友

晚與德芳往訪葛維培副總經理，德芳向其太夫人學製醃芥菜。

2月20日　星期五

職務

終日為總經理 Stretton 之凡事獨出心裁而不堪其擾，其一為五年 Objectives，彼不主按正軌作法予以處理，而由銷貨與純益二項假定數以倒求成本與費用，今日周君即如此作法，然心懷不平，怨尤多端，只好勸其委曲求全，好在 Stretton 自承不畏紐約方面有何指摘，倘有被指出之漏洞，一切當由彼解釋矣云。今日 Stretton 接紐約電囑詳報本公司為其他公司背書擔保事項之內容，而又多有查詢，然後電復紐約，此等事項無價值可言，而動輒纏擾不休，以致終日不能安心做事。高雄廠與交通銀行訂約擔保關稅記帳進口之約據一千萬須有二人保證，因該行須核對區公所印鑑證明書，而以前擔任保證者皆無之，只好另尋，余本因有此項證明書準備擔任一人，但同仁中有謂 Stretton 對保證問題如此吹求，余又何必如此勇於負責，余聞之恍然於自作多情，乃決定作罷；蓋此人遇事多方干預，甚至當面謂余不應若干事自己獨知，余一再回味，亦覺不必如此，既經同仁點破，深覺過去太過負責矣。到花旗銀行借到外銷貸款 320 萬元，原則上本應亦任 Stretton 為之，但彼不知，而例行工作不能停頓，亦只好多負責任矣，但此後對此等事應保持分寸，以免費力不討好之譏。

2月21日　星期六

職務

為五年 Objectives 之編製，Stretton 採盯梢辦法，初要求周君等今明加班，後又主張先作部分打字，余漫應之後，彼又自行強制打字員加班，又揚言所作今年 Profit Plan 不夠理想，而自詡其以預定之銷貨收入與純益二數字倒求成本費用之為得計，其實現在所採者即是此法，預料必漏洞百出，彼則不之覺也。此人最受人起反感之處即為遇事干涉，且獨出心裁，自以為眼光獨到。

2月22日　星期日

師友

下午到板橋自強新村46號訪韓兆岐兄，因其春節拜年未答拜也，至則知其夫婦收養一女嬰，方始七月，已開始學步，當承一再留食麵點後始返。張中寧兄幫忙督促紹彭溫習高中國文、英文，晚間前來考課，今日為首次，成效甚佳，咸為滿意，紹彭亦為之振奮不少。

娛樂

趙小韻小姐約晚間觀其姊復芬公演國劇生死恨，以劉玉麟為配角小生，珠聯璧合，可見其藝事已大進也。

2月23日　星期一

職務

續編1971-75 Objectives，今日為最後之階段，包括以下各事：(1) 就各項產品之分配純益數按18%所得稅率計算所得稅數，然後由稅前純益減去而得稅後純益數，求出後以各項產品之所得稅相加，以視其是否與依據總純益數之所得稅一致，發現相差極遠，此因後者係按銷貨比例計算五年免稅產品，而不免稅產品之純益獨多，總計之時，將純益之一部分無形中移歸純益較低而不免稅之產品，又在計算免稅所得時尚有 25% 擴充設備之所得不必納稅，但不屬於任何一項產品；（2）編製估計資產負債表，其法為按銷貨之增加比例以推算應收帳款存貨與應付帳款等，又按純益數計算每年增資數，按擴充設備計算固定資產數與長期負債數，以及人員與人事費用增加數，此項估計未必準確，然其關鍵在於銷貨額之是否準確，據觀察此乃 Stretton 以意為之者，殊無人可以斷言其可靠性為若何也。

2 月 24 日　星期二

職務

上午編製 1971-5 Objectives 之最後一張表，為 Balance Sheet Items，此表之編法為將 Capital Expenditure 數字配合長期負債，將銷貨數字配合 Receivables，將進貨數字配合 Payables，並依 1969 年實際數以推算短期借款等項，編就後將紐約方面所要之數字列成一表，以便送往。宋作楠事務所來三人討論去年查帳報告內容，對於各項提出之問題，均為曾經交換意見者，余認為均可提出，惟 Stretton 對於 PS 五年免稅訴願案之所含可能完納所得稅數字一節，認為須予慎重，尚無結果。

體質

到三軍總醫院參加公教保險例行體格檢查，項目包括體重、身長、眼、耳鼻喉、內科、肛門科、牙科、肺部等項，除指出砂眼與痔疾外，其外各項皆極健全云。

2月25日　星期三

職務

為高雄廠新增設備及代美孚公司建築槽區工程均已完成，而需要保險，已由太平保險公司前往看視，今日電話中云已可由今日起先行生效，以待三月初全部資產續保時一併加入云。為即將舉辦之公司增資登記準備資料，最重要者為資產負債表，此表依經濟部所定格式編就，但下端有盈餘分配表，須待股東常會後始能有金額，故只好任其為空白。端木愷律師為莫比公司申請在台達公司以未分配盈餘轉增資，此本為依股東會決議辦理者，但該律師事務所電話謂投資審議會雖准予辦理，但須加兩個條件，一為須中國股東同意辦理，二為須將資金用途再行陳報，望余到該會說明此二事之內容，余因該律師向來傲岸不近人情，且投資審議會之要求完全荒謬，前者既有股東會決議，何須再加說明，後者只為資本額之數字增加，何能指出用途，余意可置之不理，言外之意，彼何人斯，竟對余發號施令，可為不自量矣。

2月26日　星期四

職務

為經濟部填製民營企業調查表，此表每季一次，今日所填為 7-9 及 10-12 月份，內容著重於三個月內之收支與差額，但差額並不填出，且所用者非損益表相同之科目，而內容原則無二致，例如其收入方面有本季盤存之增減，支出方面則列進貨之總額，如此收支相抵，自然即為本期之盈虧，余在填製時係用送紐約報表內數字為依據，其中盤存之數含有在途原料盤存，而在途原料有一部分為固定資產，如此自難期正確，於是改用帳上之原料材料製成品與在製品，其餘額果與表上者不同，始克為合理之填列比較焉。

2 月 27 日　星期五

職務

擾攘多日之 Monthly Cash Forecast Statement 由於 Stretton 對格式始終有意見，而最後彼意由孔君另編，孔君數日來並無下文，今日始將不合用之排列方法擬出，余乃再度設計，正式標明係由每月末日起至次月末日之前一日止，雖會計界從無此一方式，然在此人之無理要求下，只好如此，此法所表示者為每月收受美孚公司內銷帳款之日起至次月該日前一日止之現金流量，與彼之基本見解可以相合也。

集會

下午出席光復大陸設計研究委員會財政、經濟兩組合併會議，邀請中央銀行金融業務檢查處處長何顯重報告當年金融狀況與擬議中銀行法修正案之重點，報告後並有數委員提出意見，彼極謙虛予以接受。

慶弔

上午到市立殯儀館弔李鴻漢母喪，並先送花籃一隻。

2月28日　星期六

職務

程寶嘉會計師來談本公司增資登記事，余告以各項資料均已集齊，因尚有數種待印，故大約下星期一可以辦妥，此中最大延誤原因，一為等待莫比公司認為有結匯權，二為董事會決定增資日期直至十二月三十日始行核定，三為銀行存款證明因第一銀行帳誤，遲遲不予核對，直至前數日始明底蘊，而此項銀行證明為現在辦理登記必須附送者。

集會

下午舉行小組會議，因組長趙雪峰患肝炎住院，由喬修梁兄代為主持，決定黨籍總檢查如何進行等事。

3月1日　星期日

師友

上午張中寧兄夫婦來，主要為為紹彭考課，以督促其毋對今夏投考大學功課有所荒廢，其一種推愛之精神，至為感激也。下午到榮民醫院看趙雪峰君之病，住院已半月餘，穿刺檢查斷為急性肝炎，尚須診療約一個月云。

集會

晚，舉行黨校同學春季雅集於交通銀行，先談話而後聚餐，談話時有王建今、王秀春兩兄對最近民意代表增補選之分析，又有馬星野兄對美國近今國內經濟紊亂與外交姑息主義抬頭之情形略加指出，引為隱憂。最後由師長谷正綱先生報告在外交低潮中吾人應有之警惕，最重要者並非美國外交之變幻，而為國人之隨人俯仰之頭腦，此種心裡若不能根除，即成為失敗之源，反之如吾人能主宰不動，則美國即不敢與共匪私下交易，則何懼之有哉！谷氏一貫樂觀奮鬥與廉潔之特別作風，在自由中國中殆無第二人焉。

3月2日　星期一

職務

Stretton 前為此間各公司為進口關稅或銀行借款需互相提供背書於本票一案函報紐約，認為有繼續互惠之必要，今日接紐約電報，囑說明本公司對保稅之銀行之 contingent liability 如何記帳，及現在所保證與被保證之事項究有若干去函聲復，乃又限時囑速準備至二月底之資料，去函說明，此事本極簡單，然經 Stretton 之小題大作，與紐約方面之渲染誇張，乃成一大問題，其電中甚至主張以後代保須先由紐約核准云。繼續準備公司增資變更登記之各種文件，並準明日上午即行完成，因 Stretton 須下午出差，而彼曾有意將所有待辦事項一併交宋作楠會計師事務所辦理，故再提醒其應加注意，如仍然固執，即須等候其由高雄回北時再議，彼因恐延誤，乃決定仍交程寶嘉會計師辦理，以後再謀統一辦理之道云。

3月3日　星期二

職務

今日仍為準備增資變更登記而忙碌，複印各件大致完成，但據經辦之會計師程寶嘉語余，外國法人股東代表仍須有授權書與聲明書，迨余查卷設法複印時，發現上次登記並無全部之外國股東代表出具此項文件，乃懷疑其應以新任之代表為限，於是以電話詢問程君之辦事人員，果然不出所料，於是複印工作為之省略，由此全部文件均已妥當，即行交程事務所矣。關於此次登記之委託人，Stretton 一再詢余，何以不能自辦，余告以歷來如此，且各公司無不如此，又問何以不託查帳之宋作楠事務所一同辦理，余告以因一向委託程君辦理，彼無延誤，且對公司甚誠懇，不虞有他，彼始同意此次仍委託辦理，下次再議，此人交人辦事，往往出之以不信任之態度，彼對用人心理可謂茫然無知。

3月4日　星期三

職務

全日用於編製1969-71年之預測Sources and Application of Funds Statement，此表本為依據前編之五年計劃中之資產負債表加以排列編製，但因其科目繁簡不同，排列不同，故須就Objectives之五年數字加以分割，使合於此一報表之科目，故甚費周章，又在編製前本擬即就其本科目編列加減，並予照列，殊不知因互相牽掣，互為因果，如不先將work sheet作好，參考時因前後難於相顧，反更有不能相顧之虞，無已，只好仍然先作work sheet，反覺欲速不達之苦，總因年事漸長，腦力衰退，凡事不能憑臨時之記憶矣，不勝浩嘆。

3月5日　星期四

職務

今日將Statement of Sources and Application of Funds作好，其中發生之差額亦均先後查出，但均少數，無關大體，此表之製作程序本應先行完成Balance Sheet，較易控制其差額，但余因欲求速成，只擬先將有用數字查出，隨查隨填，結果難於全盤控制，迨全部資產負債表編好後又發現不符之處，再加查核修改，即較為費時矣。關於保稅之銀行保證書須有二人保證立約事至今不決，余簽請Stretton加以決定，彼因已受紐約方面之控制，有苦難辨，於是亦不作解決，工廠催迫甚急，亦無由解決，余告之趙董事長，彼謂將與Stretton面談解決辦法云。

3月6日　星期五

職務

估計上月份盈餘電報紐約，此月份有特殊收入，即高雄廠代為經營美孚槽儲之收入，一月兩月均在本月列收，而兩個月之折舊則不屬焉。上次紐約電囑查核二、三兩月之預估損益，經估計二月份為美金一千元，今日則估計有八千餘元，主要原因為銷貨總額超出原估計，而其中尤以較有利益之福美林為較多。

交際

晚，參加宴請香港美孚公司之陳君、周君與此間美孚之白、徐二君於人和園。

3月7日　星期六

職務

編製三月份 Cash Forecast Statement，其原始資料係由孔君依據自己之紀錄加入採購處高君之資料排列而成，但因上月底所收美孚公司貨款不足以還清月底之結欠各項透支，故月底可用款變為負數，再加入本月須支出各費，其須向銀行借入之數，比上月更為加大，除以原約定之透支限度全部支應外，尚須洽借新債一、二百萬元，始克平衡之。

娛樂

下午同德芳到中山堂看電影，中影出品「八仙過海掃妖魔」，張琦玉、武家騏主演，完全為娛樂性之作品，主題極不明顯，自開端時所提出之呂純陽計救白牡丹、李鐵拐治百病與韓湘子葫蘆藏宇宙，各段小故事則頗引人入勝云。

3月8日　星期日

家事

上午到羅斯福路舊居訪房客楊正澤君，談隔壁勝光旅社擴建礙及本宅事，查看結果知其所築之新曬台防雨屋簷本伸至我方院內者，經前日德芳前往交涉彼允拆除後，已拆去其部分，所餘部分聲言係滴水入其自己院內，故不妨礙，但基本上其曬台為敞棚式，居高臨下，使楊君臥房不能開窗，且其本身為違章建築，經楊君到現場察看後，因南昌街派出所已接其分局令飭查復，乃商定暫時靜觀，楊君待數日後如無法解決，將由市府下手予以糾正，連同可能包庇之分局亦一併在舉發之列云。

交際

晚到銀翼應童世芬夫婦之約宴，德芳同往，其意為冬間童兄生日，今日其夫人生日，而最近其長女在美國弄璋之喜云。

3月9日　星期一

職務

上週所編 Statement of Sources and Application of Funds, 1970-71 今日重新校訂，發現可斟酌之處甚多，尤其所擬之今年短期銀行借款與長期銀行借款不甚恰當，蓋因今年計劃中之資本支出原擬以短期借款支應，細思實屬不妥，但因有關資料已先列入五年 Objectives 寄出，不便再改，故決定加入註腳，說明暫定用短期，但須儘可能轉用長期云。重編本月 Cash Forecast，打字後將交 Stretton 核閱。填製台灣銀行寄來業務調查表，係受海外廠商之委託囑填者。

3 月 10 日　星期二

職務

編製二月份 Capital Expenditure Report，包括本年度資本支出與去年之 Carryovers，前者因大型計劃至今未有 AFE 作出，故幾乎一片空白，後者則原定於二月份結束，但事實上若干計劃未有完成，故仍須順延至少一月云。

3 月 11 日　星期三

職務

本公司 Expandable Polystyrene 之 knowhow 供給者挪威商 Plastic Export Co. 除應得之 knowhow 費三萬元美金外，尚須支付每年 6,000 元之 royalties，但因外匯關係遲延至今尚未能將第一次匯出，而該公司數次來信催索，又本公司曾代付稅捐處扣繳營業稅 34,000 元新台幣，該公司亦表示不願負擔，今日 Stretton 再四主張應去函申述，余乃撰信一件，首說明外匯之困難情形，次說明因政府外匯供給不能預期，故銀行亦不肯擔保，又扣繳營業稅在雙方合約內並無規定，如彼方認為不能負擔，本公司當完全負擔之云，此信即日發出。為趙董事長計算其依據與莫比公司換文洽定之個人待遇，即固定金額每年美金五千元，另加純益之 3%，以不超出美金九千元為準，此數中並扣除以薪金獎金等名義所支領之現金，然後於股東常會後兩月內支付其差額。

3 月 12 日　星期四

職務

寫作二月份會計報告之 cover letter，其中無太多之特別事項，因二月份銷貨額低於預算，但因內銷不多而外銷較多，故聚苯乙烯貨物稅支付無多，而推銷費用則支出亦少也。

3 月 13 日　星期五

職務

寫作二月份工作報告，此月份工作多為普通例行事項，但因周君提供一項新資料，余覺有加入之必要，緣自去年即有按產品分類計算盈虧之制度，周君認為對於各部門皆有幫助，乃主張以今年所作之預算產品別已有盈虧計算，實際盈虧亦有計算，大可加以比較，以表示其差異，余同意其見解，但因盈餘金額向不公開報告，只報告盈餘與預算之比較增減百分比，故將此一資料亦改為百分比加入，以預算與實際相比較，以覘各類產品對於公司盈餘之貢獻差別。下午與 Stretton 接見太平保險公司張副總經理，洽定自三月十日起續保高雄廠各項財產與成品原料之金額與增加各項之內容，以及中國保險公司所保中華開發信託公司質押滿期部分，如何加入共同保險之分配金額等問題。

3月14日　星期六

職務

將全部公司增資登記文件與規費等送程寶嘉會計師事務所向經濟部提出。以五十七年盈餘擴充設備已於最近完成，其中含有二百萬元即盈餘之25%免所得稅，須先辦原則性之申請，今日已由孔君將設備項目依據實情選定二百餘萬元，開列詳單，以便向省政府建設廳提出，俟其照准後即可再向其申請完工證明，以便在本年藍色申報內作為銷案之依據云。

參觀

同德芳到博物館看國際婦女插花展覽，又到士林玫瑰花中心看秋海棠展覽，其特別品種不少，並買來複瓣四季海棠一盆。

3月15日　星期日

家事

童叔平夫婦來訪，並贈水果食品，又談及余與德芳生日即近，將再祝賀，余乃於其辭去後備函懇辭，謂依吾鄉習俗，不能言壽，絕不敢再收任何餽贈，雖知其二人出於真誠，仍不能不鄭重奉懇，絕非謙辭云。所住富錦街新屋已二個半月，但其附屬工程仍無完成模樣，乃函聯邦公司蘇鴻炎董事長請速完成，並列舉四項：（1）屋頂天井未蓋，雨天樓梯進水，（2）地下室去夏淹水，至今未除，蚊蟲入晚如雷，（3）二樓無人，門窗地板損壞日甚，晚間難免隱藏宵小，（4）道路未完工，廢料未清除，交通不便，雨天尤甚。

3月16日　星期一

職務

舉行本月份會報，大部分時間為工廠之業務檢討占去，至將近散會尚有採購與本處未能報告，故只草草了事，此一會報自 Stretton 到公司後更流於形式，甚少對討論事項有所決定，故余不再提案，今日工廠所提一案為如何出清久存貨品原料，以免倉庫無餘地存有用之品類，亦討論良久，未有結論。

娛樂

晚，同德芳看中國國貨館五週年紀念晚會，由郭小莊、孫元坡、哈元章演拾玉鐲法門寺，郭飾前後孫玉姣宋巧姣，均能恰到好處。

3月17日　星期二

職務

今日有數事均使人有不知所從之感：（1）宋作楠事務所之 Veloso 來云其查帳報告已印好，三十餘份備交本公司，但因紐約方面曾通知由紐約方面分送，故不能逕交，故只好寫信促其通知逕交，又彼對於月結手續主張用 work sheet 而不在帳上結清，經與周君研究，頗多困難；（2）國稅局電話通知57年藍色申報由楊稽核複核，又提出若干枝節問題，不知其意何居；（3）Stretton 促余速物色人員辦理專案事項，彼不知有何事項延誤，但經常認為固有人員難免有若干事項未能辦完，余告以難覓，彼不以為然，認為何妨登報徵求；(4) 趙董事長詢問去年盈餘轉增資問題，認為緩扣股份可不必再辦，又主張對股東不能長此不分紅利，股票亦應早謀上市；又對於擴充設備之計劃如 Stretton 所提出者茫無所知，而至今已屆所得稅申報之最後限期，仍不能決定股東會何時召開，令人徒興公司當局不切實際之感；(5) 增加工廠火險保額在辦理手續之中，而承保公司中發生分配數額問題，將余捲入漩渦，電話中多說廢話，為之舌敝唇焦；(6) 現任總經理 Stretton 遇事多缺少判斷，但又喜自作聰明，又有若干事項，分明其延誤在彼本身或紐約方面，而竟誤認為所聘會計師或本公司會計人員不足，均使從業者為之心灰意懶。

3月18日　星期三

職務

花旗銀行林、張二君來作財務分析，其藍本即為依據五年 Objectives 作之 Balance Sheets，因營業情形預估太過樂觀，故擴建資金在二、三年內即可還清，因而林君等認為所希望之長期之借款實際上不必如此長期，余告以可以暫時如此觀察，暫時作三年之借款，如果事實不如預期，恐事實上仍須更作較長之打算云，此種事完全臆測，未知數太多，只好姑妄言之，又原計劃今年用款數目至今未能開始，而須作大幅之減低云。

交際

參加外資會計人員聚餐於中華餐廳。

3月19日　星期四

職務

日昨向花旗銀行接洽用款二百萬元，係信用借款，該行初已應允，後又謂應以遠期支票為押，余告以歷來未如此辦理，且目前貨款由美孚一家代理，無遠期支票可供提出，今日正候其消息，始於下午來電話通知仍照舊有信用貸款辦法辦理，余乃趕往交本票一張，云即換取中央銀行支票一張，並立送存款行合作金庫，請其加入今日交換，蓋若晚進帳一日即有七百元利息損失也。到證券管理委員會與證券交易所購索證券上市資料，此為趙董事長所要者，彼為應付所得稅負擔，頗有透過交易所出售股票一部分之構想也。余自前日即開始準備本月份薪俸表，其間為例行事務打斷者再四，故屢作屢輟，直至今午始行完成，即簽發支票，以全體同仁之轉帳部分於下午送至第一銀行辦理明日發薪手續。

交際

中午，同仁公請高雄廠廖有章主任，彼將脫離本公司改就其他福美林工廠之職務云。

3月20日　星期五

職務

草擬去年度本公司盈餘分配方案，依 Stretton 之意見，先按數年來之一貫方法，以全部盈餘用於擴充設備，隨即增加資本，以獎勵投資條例第七條申請 25% 免稅，並以同條例第八條為股東謀取緩扣利益，此一辦法必須股東之股票不再轉讓，始獲實惠，現在趙董事長之股份因其不欲永不轉讓，對此即覺不感興趣，故此法恐不復為彼所願意接受矣。

3 月 21 日　星期六

職務

草擬 1969 盈餘分配案，編成乙案，內容為分配紅利九百萬元，以 250 萬元為擴充設備免稅之所得，以另一 250 萬增加資本，扣繳所得稅，所餘四百萬分配現金股利，以便股東完稅，此法為公司擴充設備之原則下所不能採用者。宋作楠會計師事務所派一吳君來談委託其辦理藍色申報事，據云下月初可以開始，惟須先問之宋作楠始可作決定，又其代理方式為直來直往，人事應付不加注重云。

交際

晚，與德芳到國賓參加李公藩夫人所約之幼女訂婚宴，事先並送花籃。

師友

下午同德芳訪王慕堂兄，其體氣似仍虛弱不堪。

3 月 22 日　星期日

家事

下午同德芳到大有街七弟瑤祥家探望，七弟生第三女已二月餘，今日見其嬰兒甚肥碩可喜。

娛樂

下午同德芳到國軍文藝中心看小大鵬國劇公演，歐陽中婷演魚藏劍，唱工穩極，該生不過十歲許耳，王麗雲演天女散花，唱來平穩，而身段做工則更有工夫，此劇富佛教氣息，表達不易，但均能恰到好處，大段崑曲似更勝皮簧也。

師友

喬修梁兄夫婦來賀新居，並贈水果。

3 月 23 日　星期一

職務

填製國際貿易局所定之工商經營狀況調查表，此為一年一次之要求，甚為認真，且不能超過三月底之限期。填寫花旗銀行之調查表，其中多注重與其他銀行之往來情形。備函紐約莫比公司，請通知有關方面轉達此間宋作楠查帳事務所，勿依照紐約通知，將去年查帳報告印好後寄至紐約再行寄回此處云。

3 月 24 日　星期二

參觀

上午同德芳到外雙溪故宮博物院參觀，此為該院第三次擴充工程完成所柬邀，現在內部擴張較初期已達三倍，走馬看花須三小時，余等之興趣在於書畫，現在書畫陳列除上下正廳之內外與走廊外，另有西偏新屋專室，全為冊頁手卷等小件，但極精緻，此次所展書法有王右軍奉橘帖、唐懷素自敘帖、孫過庭書譜、顏真卿祭姪文、褚河南倪寬贊、蘇東坡赤壁賦、米黃蔡各帖、趙松雪數種帖，以及明人唐寅、董其昌、文徵明等作品，美不勝收，畫則唐人所作韓幹畫馬、女史箴，董源洞天山堂與宋、元、明各家，以及清宮供奉書家與四王等皆有作品，可謂包羅萬象也。下午參觀日本電器與機器展覽會，以電子方面為較特殊。

3月25日　星期三

職務

營利事業所得稅藍色申報應於本月底送出，但因至今股東常會何時舉行尚無消息，如非股東會決議，則百分之二十五免稅與增資等即無從申請免稅，且至目前為止，申報之代理會計師尚未確定，各項表冊亦未製出，故只得備文國稅局申請延期至五月十五日。宋作楠會計師事務所之查帳報告，本因莫比公司通知紐約 Arthur Young & Co. 統一分送，而未將印好應送本公司者送來，經已去函請改正此項程序，信尚未到，紐約方面已自動通知宋事務所將所印 35 份直接送來，惟其中 Supplementary Information 部分只有一份，已請其再加送一兩份。

3月26日　星期四

職務

花旗銀行 Wacker 與林、張二君來面送對本公司申請長期貸款之研究結果，因 Stretton 去高雄未回，故未看內容，將於日內再行商談。余詳閱其所定方案，大致為將借款美金170萬元，自今年起三年用完，自三年後開始還款，而於五年內還清，其所以如此，蓋因本公司所擬之五年Objectives遠景太好，財源滾滾，以致不須過長時期，即有收入可供還債也，又其借款條件，如非美國Mobil擔保，即須提Negative pledge，而利率則不定永久性者，只定照市息加一釐半，如有一成台幣margin則照減少一釐，再則須先由中國政府核准還款外匯，而利息方面因中央銀行照8.5%計算，故如超出部分，須另以其他外匯資源撥付，云云，照此規定恐有若干非本公司所能做到者云。

3月27日　星期五

職務

紐約莫比公司Tax Department寄來該地稅局所定之一種調查表，Information Return with Respect to Foreign Controlled Companies，囑於四月一日前填寄，今日填好，其中問題甚多，如Mobil Manual說明謂投資人須為在美國註冊之公司，然在本公司投資者則形式上係用Mobil Investments S. A. Panama之名義，似不易對美國政府提供資料，詢之Stretton，彼亦不能解釋，只謂紐約Mobil既要填送，待送往後彼等當有斟酌也；又如其中頗注意對各單位之相互間買賣金額，但又必須與年底所送年報表之銷貨列數，本公司年底表列者未用Intercompany Sales一行，故不能對照，為多一事不如少一事，經決定略去，以免多生枝節也。

交際

晚，花旗銀行萬彥信副理在中央飯店請參加北區扶輪社十一週年紀念晚會並聚餐，演說太多，內容平平，較有意義者為生命線運動成果報告，頗對校正自殺風氣有甚大之貢獻。

3月28日　星期六

職務

今年三月應換之高雄廠保險單已於昨、今兩日完全換到，今年加保一千萬餘元，又將原質押於中華開發公司之一部分機器釋出，由三家公司接替聯保加入總額，以代原由中國產物保險公司之一家承保。代理聚苯乙烯五年免稅案訴願案之程寶嘉會計師電話云，今日行政院會議（小組會）已通過訴願之免稅申請。

交際

晚，參加林作梅兄長子堃國與沈國珠小姐之婚禮。

3月29日　星期日

體質

月前因染髮引起皮膚過敏，歷時三周始愈，因而不敢再染，即用紹寧由美寄來之 Clairol 亦同樣不能放心，於是改用 Restoria，亦已半月，但成效不大，尤其耳上之兩鬢，極為頑強，不知是否因有時塗用黑色髮臘之故，其餘則皆變為棕黑色，雖不若用染黑劑之黑，然其不致白得耀眼，即可以慰情勝無矣。

3月30日　星期一

參觀

今日補放革命先烈紀念假一天，上午到國軍文藝中心看國劇文物展覽，其中包括各種戲裝、兵器、臉譜以及二十年前名伶、名票、照片等，均極名貴難得。又到歷史博物館看全國美術展覽，包括中畫、西畫、水彩、版畫、書法等，其中國畫最多，當代名家皆有出品，但限一件，餘則普通入選之作，金石則只五、六家，似最缺乏。又看革命先烈史蹟展，若干照片與先烈文藝作品多使人肅然起敬，余最欣賞陳英士先生所作書法云：「死不畏死，生不偷生，男兒大節，光與日爭，道之苟直，不憚烹，渺然一身，萬里長城」，此等胸襟，余於四十年前固亦引為己任者，今則所見所覺，一派低潮光景，不禁有恍如隔世之感矣。

3月31日　星期二

職務

去年所報57年藍色申報現在已由審核員、股長、科長而送至稽核室，其稽核楊君發現有少數支領佣金人員未扣所得稅，亦未向稅局申報，此事由於余未作記錄，只在有扣繳者始填寫憑單於一月間驗印，未憶及有此等未達起扣點之零星佣金，且未知其申報期為三月底，今日乃往趕辦，幸在人群擁擠中經由潘、陳二君之協助得以迅速補辦，但因措手不及，故里鄰不明，只能以意為之，以待後補矣。今年應報去年營利事業所得稅已由Stretton託宋作楠會計師事務所辦理，且曾來人接洽，今日並來函通知簽約，但趙董事長主張由程寶嘉君辦理，以便於向稅務人員洽談條件，且向 Stretton 明言，Stretton 詢余，余以告以事實無可奈何，彼乃變更主意，將只謂董事長不予同意，不向宋事務所詳述理由矣。

集會

出席小組會議，由喬修梁兄代趙雪峯組長主持，余早退。

4 月 1 日　星期三

職務

Stretton 對於趙董事長預支其報酬，必須逐次查核其是否有超額，於是逐筆計算，彼記憶從前曾有墊付抽水機款，但不在帳內，余亦不復省憶，經數人再四推敲，知必為以前總務處曾以修理辦公室房屋之發票報銷六千餘元，即係此款，余憶及此為林天明經理經辦，彼是否曾經說明此為抽水機而由公司墊付，因林君請假，無由判明，余只好告其並未查出此款，以待林君銷假，必能知其內容也。

4 月 2 日　星期四

職務

昨日所記之趙董事長用公司款安裝自宅抽水機事，余因不欲捲入漩渦，故只告 Stretton 待林天明銷假回公司，當能詢明經過，余本以為如此可以暫時不再提起，不料今日趙氏又詢此事，並對 Stretton 之一再研究其用費表示憤慨，並囑查明其家中費用由公司負擔若干，將進行檢討，謂彼來任職之時，彼與 Fisher 只商定負擔其房租，未及其他，彼目前大小費用皆由公司負擔，顯已超出範圍云。

交際

與孔繁炘、金毅二君請國稅局楊稽核便飯，彼為複核五十七年本公司營利事業所得稅者。

4月3日　星期五

職務

自上月將 Cash Forecast Statement 格式固定後，今日已將四月份之數字列成本月份表，但 Stretton 見其中有保持現金庫存一百萬之項目，因而借款之需要含有此項一百萬在內，認為無需，其實原無此項目，因 Stretton 認為須加入，乃照加於表內者，現在又須取消，誠所謂出爾反爾者矣。

4月4日　星期六

職務

程寶嘉會計師來談，本公司擾攘五年之聚苯乙烯五年免稅案已經核准，但公文未到，不能全部支領公費，擬請先行支領一部分。又關於去年藍色申報將於五月半以前辦出，此次將委託程君辦理，彼不知以前情形，余告以從前委託吳崇泉會計師辦理，彼個人所得報酬甚微，今年 Stretton 本託宋作楠辦理，因去年華夏託其辦理，情形並不理想，故趙董事長意改委程君辦理云。

4月5日　星期日

生日

昨日為德芳六十生日，今日為余六十一生日，事先定製蛋糕一隻，提字「周甲之慶」，外間無知者，但童世芬夫婦去年即知，今年曾去信懇切謝絕任何餽贈，但前日仍來贈送衣料與食品等，而在美之紹中與其夫婿童紳由華盛頓寄來賀卡，紹寧則由印第安那寄來賀卡，且各有現金百元。（次日紹南亦來函並寄現金二百元，以上共五百元。）

游覽

上午同德芳往遊內雙溪，先乘公共汽車至故宮博物院，然後以計程汽車前往，計六公里而達，其地有瀑布與小溪，但均甚小，游人以學生為多，且有露營者，路面甚佳。

4 月 6 日　星期一

職務

高雄廠會計課長朱慶衍君照例月初來台北會算成本，今日談工廠問題，諸如成品之頻遭退貨，人事之常不協調，均為不易消除之困難，尤其退貨問題，將成為工廠之癌，現在已定購四部新機器，如成品仍然不能滿足客戶之要求，則來日方長，整個公司之前途堪慮也。

4 月 7 日　星期二

職務

今日預估本年三月份盈餘，由於銷貨低於預算百分之三十，故盈餘亦低於預算百分之二十五，Stretton 亦認為此乃無可如何之事，下午將預估電報發出。填寫華南銀行調查表，其中多有現成資料，僅全年生產值則尚缺如，而又不能專候由帳內統計之數字，乃利用每年銷貨值與期初期末存貨值加以計算，求出生產值，甚為合理而便捷。宋作楠會計師事務所之 Veloso 來送第二次印本之查帳報告，比第一次多 Supplementary Information

數頁，余又因其所製資產負債表與本公司者不同，請其加以說明，彼允將其所作之 Reconciliation Sheet 印送一份。58 年營利事業所得稅藍色申報決定託程寶嘉會計師代辦，公費與去年託吳崇泉者相同，又 Stretton 曾洽宋作楠事務所代辦，並由一吳君前來函洽，今日來電話詢問究竟，余告以趙董事長意不欲更張，故改託該事務所之事，只好期諸來年或將來其他年度矣。

4月8日　星期三

職務

依據紐約寄來之格式編製莫比公司 Directors' Fee 一至三月份之收支季報表，此一報表本最為簡單，然因計算不慎，費去半天時間始告完全合轍，殊非始料所及也。高雄廠送貨係訂約委託運輸公司辦理，但有時運輸公司並不交付搬運人員於到達時支付之搬卸費用，因而客戶墊付後抵付總代銷美孚公司之應收貨款，再透過本公司與高雄廠向運輸公司收回，動輒需時數月，故曾通知工廠轉達運輸公司，勿再聽任客戶墊付，半年來相安無事，今日美孚公司忽來電話，又有此種抵付貨款之搬運費，余即正告以不便再行處理，請逕行向高雄廠洽收，不料收貨款之黃鑑炎在電話中大叫謂此為本公司應行墊付之款，余因其喪失立場，何愛於美孚，更何恨於本公司，故疾叱其無理，蓋此種不合理之墊付，美孚、台達皆無責任可言，且美孚既為總經銷，猶覺不便墊列帳上，本公司又何以有此責任乎！

4月9日　星期四

職務

為Stretton寫一節略，說明去年本公司增資六百萬元之執行情形，當上溯至於股東會之議決，然後因增資必須以莫比公司由權匯回國外為條件，而說明端木愷律師為莫比公司申請此權，四月不復，本公司再行申請，於是投資審議會予以核准，而又必須對轉作增資再作申請，乃一面由律師再作申請，一面由董會決定於十二月底作增資轉帳之決議，至今年則委託會計師正式申請公司資本變更登記，據會計師云，大約日內即可有結果云。

聽講

到美國新聞處參加國民計算機公司之電腦應用方式報告會，今日已為第二天，所報告者為關於製造業、批售業、公用事業與醫院如何利用電腦計算資料。

4月10日　星期五

職務

為Stretton編送紐約本年一至三月之Directors' Fees Account，其實此為其個人之事，然責無旁貸也。起草一項徵求會計人員之廣告，並依Stretton之意，須有大學畢業三年從事財務與成本之經驗，主要任務為從事成本分析與編製預算等事云。

聽講

續參加NCR與美國新聞處所舉辦之電腦演講會，今日為關於銀行使用電腦之實例等。

4月11日　星期六

職務

編製三月份 Capital Expenditure Report，仍為本年三月份一份及 1969 Carryovers 三月份一份，後者本可能於本月份結束，但因美孚公司 Storage Facilities and Warehouse 計劃之代進口器材部分遲遲不能將詳數報告，又因四部加工品機器之採購發動太晚而不能結案，故本月份又不能結束矣。

4月12日　星期日

娛樂

下午到國軍文藝中心看小陸光平劇表演，為全部棒打薄情郎，飾金玉奴者為前李陸丹，後歐陽陸鳳，前者工花衫，後者工青衣，兩人皆極稱職，後者之念白在棒打時極見工力，後起旦角有此者不多也。

4月13日　星期一

職務

本公司自人員日增，管理不甚嚴格，結果漸漸發生不能控制之現象，例如業務處內銷主任貝君，另外經營商業，借款囤貨，不能出手，周轉不靈，濫開空頭支票，其支票開戶之銀行即為本公司發薪時轉其本人戶頭之銀行，於是託人商量，能否為其本人單開支票，余只允其在少數知其待遇確數之人員之戶頭轉予轉發，單開亦以一、二次為限，再如高雄廠人事極為浮動，技術課主任廖有章前已辭職，現又有陳錦源等 PS 工廠人員有轉業之說，可見若干人已有利用本公司所獲經驗另售高價之事矣。此外亦有若干事項等於無人負責，如股東會月底左右必須召集，但議案如何，無人作肯定答復，Stretton只云就分紅與不分紅兩種假定各提一案，此等於完全不顧辦事人員之困難，一味以意為之，何足令人心服。

4月14日　星期二

職務

寫作三月份損益計算之cover letter，因此次銷貨極不理想，只當預算之百分之七十，故須特別加以申述，而主管業務之葛副總經理又赴高雄，乃就外銷業務主任洪有統加以檢討，幸獲悉大概輪廓，乃納入信中，大意為外銷受國外低價之競爭，內銷售市場存貨太多之影響，故不能如預算之銷量，因而一切數字均大為折減，純益則降至比預算低百分之四十有餘云。

4月15日　星期三

職務

編製五十八年營利事業所得稅藍色申報書，今日只將推銷費用與管理費用二者合併為一種系列之費用，以便填入藍色申報書之相當欄內，此藍色申報書之相當各欄與去年所定大致相同，只有最後之其他費用一項，因所含項目太多，總數過大，故該申報書內要求附填明細紀錄云。

交際

晚，參加外資公司會計人員聚餐，凡有三席，今日作東者為友寧電子與派德藥廠二家。

4月16日　星期四

職務

編製送紐約之本年第一季報告表，仍循例由周君將表內之數字填好，經余複核後，再將最後兩張資負表與損益表內之兩年同期數目相較增減，超出美金十萬元者加以說明，計有應收帳款與票據、應付票據、固定資產、固定資產折舊準備等項。編製四月份薪俸表，因前三個月須就考績與調整勞工保險等項數字分別退補，故每月之數不同，無法完全依循先一月之數填列，而須逐一計算，所幸波折甚少，今日已大體編就，並未發生若干錯誤。

4月17日　星期五

職務

寫作三月份工作報告，備提下星期一之業務會報，此次工作報告有一特點，即注重會計分析資料，並仿照上月份之辦法，將預算之各種產品盈虧與實際之各種盈虧各按百分比計得其比重，並逐一計算其盈絀，以明預算與實際之間有幾許差異云。

交際

晚到太平洋飯店參加于治堂兄嫁女之喜宴，德芳同往，送喜儀二百元。

師友

晚同德芳到溫州街訪許東明教授，告以接紹寧來信，知 Notre Dame 大學尚有化學系獎學金可以申請云。

4月18日　星期六

職務

本公司最近三個月業務情形不甚理想，原預算每月銷貨美金三十萬元以上，實際只達成三分之二，Stretton 本為擬定上項預算之主動者，至此又主張修正 Profit Plan 矣，其處事輕率之處，往往如此。

娛樂

下午到中山堂看國民大會所映電影，翁倩玉、武家麒所演「小翠」，平平。

4月19日　星期日

家事

富錦街房屋接稅捐處通知，補徵去年九至十二月之四個月之房屋稅，依條例房屋稅應自房屋使用開始申報徵納，余之住宅為今年一月開始使用，故不應徵收，同幢二樓段君則尚在裝修，何時使用，更不可知，乃相約具文稅捐處聲明並未使用，請註銷該項稅單，余於今晨起草申請書，將聯名辦理之，比鄰之董百洵代表由德芳連絡參加，其他各戶則由段君聯繫之。

4月20日　星期一

職務

今日舉行本月份業務會報，討論事項不多，余亦因在 Stretton 之主持下凡事議論多而決斷少，任何事不欲提出討論，而其他部分之所以甚少提案，亦職是之故也。

4月21日　星期二

職務

填製工礦抽樣調查表，此表內容無所不包，由各部分通力合作，余所擔任者為財務方面，其中較易者為資產負債表與資本之構成等，最難者為損益數字，其所列之支出項目，過於瑣碎，不能由費用科目直接採填，而必須重新分割或合併，其不列入所定之項目者，通歸入其他費用一科目，但又不許超出總支出百分之二，此一限制最為無法做到，只好不加理睬，作為不屬各列舉科目者，以一個總數表示之。此表又一欄為全年對十種以上之稅負為若干，其中如營業稅貨物稅因均在推銷費用一科目內，且有子目可以採取，但為數甚鉅之關稅與附加捐等則必須由在途原料明細帳內分別統計，經孔君逐一抄錄，彙計總數達一千萬元，連同其他各稅全年達二千萬元，實非臆想所及云。

4月22日　星期三

職務

因數月來銷貨數字不甚理想，原定 Profit Plan 太高，於是 Stretton 又將重新考慮未來三季之業務情形，乃重擬銷貨數字，今日作為定案，通知本處重作 Profit Plan，其實在去年編列之時，彼並非不知，只緣好大喜功，勉強為之，今又知距離現實太遠，於是平添若干可以不加重複之工作，使從事工作者人人難安也。

4月23日　星期四

職務

因數月來營業不夠理想，於是 Stretton 又從分析上打主意，其一為將去年三月與今年三月作一比較，藉以明瞭兩時期短收之原因為何，諸如由於銷貨量者，由於銷貨價者，以及由於成本者，各為若干，此已由周君列表，彼認為不夠清楚，余乃為之另列，分為兩欄，一為 Flow-in，一為 Outflow，各表示增減，最後以增減相抵，得其淨差，即為兩個月份之總差；其二為著手重編未來三季之 Profit Plan，周君將拖至下月，余告以最好先根據其 Sales figures 算總收入，再算總成本，並調整費用額，最後先看全年盈虧如何，如此數為彼所能接受，即進行正式製表，否則如編出數字不夠理想，勢必又有改變，則難免重起爐灶，而前功盡棄矣云。

4月24日　星期五

職務

葛副總經理將與總經理 Stretton 參加美國商會集會，將作一項有關貨物稅利弊之報告，囑余草擬要點，余乃為之寫短文一篇，說明貨物稅之沿革內容與其缺點，缺點凡四，為此項報告之主題所在，一曰不公平，只有 24 類貨品之消費者與生產者負擔此稅，二為妨礙生產，凡投資於 24 類貨品生產者須在售品前墊付大額之貨物稅，周轉資金大為增加，三為重複課稅不免，例如貨物稅法規定免營業稅，事實上仍然以其他解釋依舊重徵，四為妨礙工廠有效管理，遇有退貨重製改裝及次品出售等情事，必須經過極繁雜之申請手續始可免於偷稅之嫌。

4 月 25 日　星期六

職務

編三月底之應收帳款其他明細表，依據該科目明細帳將各戶餘額列出，並加以說明，此表本為每月編製，現改為三個月一次，但去年底因故停編一次，故此次發現有數筆懸欠已久，請催速行了結之款項。

師友

下午同德芳到民生東路訪張曉古兄夫婦，又到林森南路訪龔英松夫婦。

4 月 26 日　星期日

瑣記

晨起同德芳乘車兩次赴永和鎮吃油條燒餅，此為該地之一絕，前在羅斯福路時有時步行往啖，現在距離太遠，四個月來尚為初次，食畢到古亭市場買菜後回寓。到中山北路一帶買咖啡，價昂且缺貨，結果買來散裝者半磅，不佳，舊聽者 Maxwell 一磅與 S and W 二磅，諒未變質，又買軍用者三聽各二磅，乃新貨，亦甚缺。

4 月 27 日　星期一

職務

與趙董事長談董事會與股東會問題，緣 Stretton 告余，兩會將於下月二十一日召開，囑余準備資料，余詢以去年盈餘分配方案將如何提案，彼認為須兩案，一為分派現金股利四百萬元，一為不分現金股利，余就此事詢之趙氏，彼主張分配，但莫比公司則否，余告以此事最宜早日達成協議，蓋同日召開兩個會議，如董事會亦只將全部提案不作主張照轉股東會，殊非所宜也，至於開會通知，限於公司法規定，須即日發出而使用本月廿一日或以前之日期云。

4 月 28 日　星期二

職務

Stretton 囑重編未來九個月之 Profit Plan，余囑周君先用加減調整方式，以新的銷貨數量與金額為基礎，估計成本與費用，然後得出純益之金額，以覘 Stretton 之反應，今晨算出只可盈餘十萬美金，連一至三月亦實現之四萬元計算在內，仍不能達到五年來最低之六百萬元台幣，Stretton 認為太低，但又不能確指銷貨數字如何提高及成本如何降低，仍在猶豫不決之中。去年查帳公費宋作楠事務所索十三萬餘元，經趙董事長與 Stretton 同意由本公司及 Mobil Directors 存款內各負擔半數，數年來公司皆為負擔二萬元，此次為初次更張。與美孚公司洽定分期歸還其貨款在高雄廠建立倉庫與儲槽款，照合同分為十五年即一百八十個月平均無息攤還，此數超出實際用款數萬元即不復退還云。

交際

PS 工廠主任陳錦源辭職，各同仁在瓊華樓晚餐送行，陳君任職已滿十年，舊人求去者此為廖有章後之第二人。

4 月 29 日　星期三

職務

為籌開董事會與股東常會之準備工作而忙碌竟日，先草擬開會通知，中、英文各一，又草擬議事日程，亦為中、英文各一，如董事會、股東會二者彙計，即為合共八件，均隨即交打字小姐打印，又因在常會前須將年終報表送監察人，而監察人須於年會前十天提出報告，故須趕將此一通知辦出，以上文件皆例填日期為四月二十一日，蓋距開會之期不能短於一個月也。

4 月 30 日　星期四

職務

為 Stretton 編製一表，名為 Comparative Statement Showing the Lowest and Highest Bank Borrowing Balances for the Period of January 1 through March 31, 1970，此表用統計圖式，畫成直線每月二條，一示最低，一示最高。

集會

下午出席小組會議，組長趙雪峰為一般性報告，孟達三為房屋計劃作特別報告。

5月1日　星期五

職務

與 Stretton 討論下月董事會與股東常會之議題，尤其關於去年盈餘分配問題，日前趙董事長已請其與 Fisher 洽商究竟應否分配現金股利，但 Stretton 仍傾向於不分配而全數轉作增資，且除免稅擴充設備外，並以餘額為股東申請緩扣股東綜合所得稅，此與趙氏意見甚有出入，因而與余再將兩種意見加以比較，函請紐約方面早作表示云。又在準備議程間，余忽憶及董監事任期所餘無多，查過去紀錄始知果將於七月廿九日屆滿三年，因建議 Stretton 函紐約方面準備候選人云。

5月2日　星期六

職務

登報徵求職員已於上月底截止，今日加以整理，共獲應徵者五十六人，其中依本公司所定條件大學畢業服務三年以上者三十五人，學經歷不足以上要求者二十一人，已全部交人事部分先予登記，再通知談話。

交際

晚與德芳在金舫宴客，計到童叔平夫婦、張中寧夫婦、李公藩夫人及子華強、喬修梁兄，尚有未到者為喬修梁夫人、李德民夫婦、七弟瑤祥及鄒日生君。

5月3日　星期日

閱讀

紹南數年來繼續寄美國版之 *Reader's Digest*，數日前收到十二月份與一月份，其中十二月份於今日涉獵，首篇為該刊罕見之社論，題為“Patience”，乃忠告美國朝野一味主張結束越戰之呼喊，勢將為共黨利用而在談判中換得高價，語重心長，近來美國在越戰中又陷低潮，此一文字之效力依然存在，然亦可見雖有當頭棒喝，而執迷不悟或別有用心者，固不為所動也。

娛樂

看小大鵬公演平劇，歐陽申婷搜孤救孤，與群生武戲「紅桃山」均佳。

5月4日　星期一

職務

藍色所得稅申報預定於明日將資料交會計師程寶嘉，今日趕填申報書總表，尚未完成，此次所調整之項目只有趙董事長在廣告費項下之特支費一項，此外則交際費均在範圍之內，不超過限額，故不予調整也。

5月5日　星期二

職務

去年營利事業所得稅藍色申報之延展期限瞬即屆滿，乃趕編申報表之總表，已於今日完成，尚須補繳十八萬餘元，此為依據免稅擴充設備額二百五十萬元之算法，若計25%滿額，則一千一百萬元之所得額可免稅275萬元，惟此數增資難於分配於5,600萬元之現有股份，若按280萬元則最易分配，然以如此畸零之數辦理增資，亦非所宜，故不採用也。下午舉行成本檢討會議，此次會議高雄廠一向出席之呂副廠長未到，改由朱課長與謝爾祥君共同參加，討論加工場成本問題極為詳盡，但因問題太多，竟鮮特出之意見。

5月6日　星期三

職務

今日處理三事，（1）藍色申報之正副各表之彙齊工作直至今日始為完成，並將對會計師程寶嘉之委託書亦填好並用印；（2）為從事招聘人員之資料整理，因應徵者五十餘人之多，須一一談話，以每小時四人及每天用四小時於此工作計算，需時二天半，經即派定日期請總務處通知，於下週內完成之；（3）為設計緩扣所得稅股份之發給股票問題，此事本因每年申請緩扣如隨時核定，即可逐年加蓋緩扣字樣於股票上，分發於股東，但政府一延再延，無意中股票數年未發，今日趙董事長認為可發，此事本在兩可之間，似此政府無期拖延，先行發給股票亦是一法，故余不反對，況法令對此並無規定，扣繳所得稅亦不受影響，結論準備印發。

交際

晚由柯達、福星二公司召集外資會計人員聚餐，飯後並由科達放映阿波羅十二號征月電影。

5月7日　星期四

職務

本公司去年增資六百萬元之變更登記已於今日收到新執照，現在資本為五千六百萬元，正通知總務處速辦營業登記，再辦工廠登記，以便早日開始申請去年之以盈餘 25% 擴充設備免繳所得案內之完工證明云。上月估計盈餘於今日辦好，送之 Stretton，彼因盈餘只有三千餘元美金，比預算相去太遠，一再推敲，思有以提高之法，但不得要領，最後仍以此數將電報拍出，惟希望下週實際結帳時能比此略高耳。

師友

晚，汪籐氏父女相率來訪，交付房租，將於二十日起承租余之富錦街民生新村房屋，月租為一千五百元，預付三個月。

5 月 8 日　星期五

職務

委託程寶嘉會計師辦理營利事業所得稅申報，昨日送去資料後，今日程君率二職員來核對帳目，俾如限於十五日前送出。準備下星期與應徵會計人員者開談，余因須選出如 Stretton 所要求之能了解能寫作會計財務人員，乃準備一種簡單之測驗紙，凡兩題，一題為填充，二題為譯英，取材自會計書籍，前者目的在試其能否了解，命題用英文，後者目的在測知能否寫作，命題用中文，約須於一刻鐘內完成，以視其反應之利鈍云。

5 月 9 日　星期六

職務

開始準備二十一日董事會與股東常會之議案草案，其中最重要者為盈餘分配，計有二案，一為莫比公司所主張者，以部分之盈餘轉增資擴充設備，予以免稅，另一部分用於增資還債，為股東申請緩扣所得稅，如此全無扣繳，亦無分紅現金負擔，二為趙董事長所主張，以部分免稅，另一部分照扣，並以一部分分發現金紅利，用於完納彼之追加所得稅，實際上明春始行支付，因未取得協議，故須二案並提，於是紙面工作為之大增。

娛樂

下午同德芳看電影「家在台北」，柯俊雄、歸亞蕾、李湘等多人合演，主題頗正確，但人物太多太亂。

交際

晚在潘永珍寓合請林天明君，因彼曾請假赴美，歸後有所餽贈也，今日之方式為各帶一菜，余則買糕餅以代，實際則潘君因地主關係所備最多也。

5月10日　星期日

娛樂

電視周刊社舉行晚會於體育中心，到者萬人，盛況空前，余與德芳得抽籤入座券二張而前往，節目有歌舞、特技及抽獎等，均富娛樂價值，著名演員表演者有淩波、楊麗花、湯蘭花等。看小陸光平劇，白水灘、母女會與定軍山等。

5月11日　星期一

職務

開始與應徵會計人員談話，今日預定本為十六人，結果到者只有十人，另有排定明日但因事希望改為今日者一人，其中大部分不適合預定之要求，小部分頗為合格，但不悉其本來另有工作能否擺脫耳。此事頗費周章，蓋余所定之方式為一部分時間用於談話，期能由談話中得知應徵人員之素質，另一部分為簡單之測驗題，期能由答案中得知其文字與會計知識之高下，後者之命題極求簡易，但結果甚不理想，有談吐中極有表現者，而測驗竟交白卷者，可見以貌取人之失也。

5 月 12 日　星期二

職務

繼續會見應徵人員，今日共晤十一人，其中有極合要求者，亦有資格頗深而極不合需要者，可見人事情形不一，難以想揣也，但大體上口頭表示均頗有水準，但動筆作題，則又全無是處，可見動筆之事乃在一切事務中之最難者，而此次之命題方式以口與手二者並重，實獲要領也。

5 月 13 日　星期三

職務

今日工作特別緊張，因數事須趕辦也，其一為計劃明日低級應徵人員之談話與測驗資料，此項資料因較前數日所用者為簡單，故須重擬，計中文填充題四道，每小時四人相同，故二十三人者共出題六組可矣；其二為寫作二十一日之假定股東會與董事會決議，計中、英文各一種，兩會共為四種；其三為寫作四月份財務報告分析，今日已將月結表作出，分析之用函須於明日發出也。

5月14日　星期四

職務

今日繼續約晤申請謀職人員，今、明兩日預定為資格較差之人員，原則上為在高雄廠任用，但亦遇有學驗俱為特殊者，甚為引人注意，可見人之情形不一也。今日又將提董事會與股東會分配盈餘之附表予以修改後，交打字員打清，備下週開會使用。

5月15日　星期五

職務

繼續約見申請謀職人員，今日所接見者皆為學歷較淺者，故談吐亦無特出之點，所填題目雖甚簡單，然亦有錯誤不可思議者。藍色申報今日為最後一天，經會計師事務所於日昨將表送來，若干份數不足者則趕辦加抄工作，於今日下午用印後送至長安東路國稅局稽徵所。與 Stretton 討論下週董事會決議案草案，對於盈餘分配余提出兩案，其中乙案須付現金股利，但為數不能恰與股東需要及公司願付之數相一致，彼有意將增資數與分紅數相加達將盈餘分完，以免扣繳百分之十之稅，但因分之於各股東時，其畸零數目太多，故不能改為增資云。寫作五月份工作報告，備提會報之用，此次因為時所迫，長話短說，比往時為簡單。

5月16日　星期六

職務

今日最後約見謀職人員，乃事先要求改期者，共計二人。開始編製五月份薪俸表，此次內容變動較多，因代發美孚公司人員薪自本月份又加二人，同時有一人撤退，又因司機數人有所調動，以及工廠人員調公司服務等人事變遷，以致編列時多有必須注意之處。

家事

下午同德芳到國華公司，談民生新村房屋欠付價款之計算方法與預定付清之期限，其中最重要者為隔間用款，約六千元左右，依約不應出錢，但該公司則認為應有代價，交涉半天，似可貫徹，須由其經理作最後之決定云。

5月17日　星期日

家事

所購民生新村房屋已租予汪頌蘭家住用，定於二十一日移入，今日與德芳及紹彭到房內監督趕工鋪塑膠地磚，進行甚為順利。

師友

下午，佟志伸兄來訪，閒談。下午，趙雪峯兄來訪，為答謝其病臥榮民醫院時前往看望，談移時並陪往張曉古兄家訪問。

5月18日　星期一

職務

編製本月份薪俸表，將於後日發薪。下午舉行本月份業務會報，因時間不夠緊湊，歷時三小時始竟，其實在時間上如能樽節，半個下午亦可足用也。

5月19日　星期二

職務

到花旗銀行探詢借款內容之調整問題，緣 Stretton 因目前透支利息太高，外銷逐增後，自可增加外銷貸款，但自半年前與該行確定貸款之種類與金額外，至今未有再加審查，故往先與莊君談初步方案，原則上在總額內互相調節並無問題，但須先行對目前之種種欠額加以計算分析，然後始可提出調整之方云。繼續整理董事會與股東會之資料，並隨時交總務處印製，備在開會時分送。

5月20日　星期三

職務

董事會與股東會開會之資料，今日始完全備齊，經裝訂成冊，共分二種，一種為董會與股東會兩種資料俱全，計十六份，將用於十一董事、二律師及列席其他人員，又一種為股東會用者，計四份，因尚有可能出席之非董事股東數人，故備而不用焉。下午續將前數日所做之短期銀行借款最低最高餘額圖表加入四月份資料，備提董事會與股東會參考。

5月21日　星期四

職務

董事會之準備工作直至上午始竟，下午二時至三時半連開董事會與股東會各一次，余曾印好開會假定之議決案文均於屆時分送，因事先 Mobil 與趙董事長雙方早將各事取得協議，故得以迅速獲得結果，大體上無何變更，唯一之變更即在原草案所擬分配盈餘方案有分紅與不分紅之兩案，趙氏傾向分紅，Mobil 方面本不同意，至此亦只好同意，又分紅辦法中之增資額較不分紅方案為低，原以趙氏不欲再採緩扣所得稅增資辦法，故余所擬者為一部分免稅增資，一部分完稅增資，另一部分則為現金股利，用以支付現金與應稅股利之所得，不料趙氏忽又認為緩扣股仍然可發，臨時乃又將應稅股改為緩扣股，因而對股東將支付更多之現金而少繳同額之扣稅，對公司之負擔則其實一也，惟如早知其如此打算，則方案應另加斟酌，現金股利可以減少，增資股利亦可相應而增加，緩扣金額加多，負擔亦將減輕，現在既已決議，且無人計及如此細微之處，故只好恝然置之矣。

5月22日　星期五

職務

上星期談話完畢之會計人員甄試，因迄無暇晷，延至今日始詳細評定，計高級者由三十四人中選出六人，初級者由廿三人中選出三人，並分別定一先後順序，交 Stretton 作最後決定。

集會

晚到實踐堂參加二十一期同學聚餐，並參加 21-25 期聯合聯誼會，除報告事項外即為平劇，由林鳳凰演搖錢樹，張正芬演女起解，馬維勝、周正榮演將相和，均佳。

5 月 23 日　星期六

職務

日昨選定之會計人員候選人經 Stretton 複核，彼完全以英文為標準，其中有一氰氨公司者，用英文填寫資歷，彼認為應為第一優先，余原列為第三，當予以提前云。為 Stretton 分析四月份外銷聚苯乙烯之成本，因比上月更高，僅變動部分已超出售價，分析結果雖略有出入，但總數不變，故成本仍高也。

娛樂

晚到大專學生活動中心看政大校慶平劇公演，由全體同學及校友合演甘露寺，角色太多，難求整齊，大體上飾喬玄與孫尚香之二人尚有工力。

5 月 24 日　星期日

師友

上午同德芳到國防醫學院探視張志安師母之心臟病，並為其拜壽，崔師云情形近來略好，但仍不能不多加注意，故將移住於宏恩醫院附近。又到台大醫院探望日昨來北之朱興良兄，係於十三日撞車，脊椎神經第六節有斷折現象，致兩下肢失靈，須養息多日始可見恢復云，余無多可以幫忙之事，先行致送現金二千元以為零用。

5月25日　星期一

職務

草擬致此次登記應徵會計人員之信件，交總務處分致，其中一部分以名額有限為理由，通知無法全容，係對於合格者之答復，另一信則直告不合本公司登報要求之資歷，不能延用。下午開始到中華企業管理中心參加高等會計分析班，由樂梅江擔任講授，本週共有三天，每天四小時半，分為三節，其中且有兩次 coffee break，課室設備亦極為整潔。

5月26日　星期二

職務

重新編訂二十一日之股東常會與董事會紀錄，分中、英文共計四件，依 Stretton 赴美前所囑，送蔡六乘律師核正。下午赴中華企管中心續聽高等會計課程，漸漸較有內容，余在校所習會計本不甚多，生平十之七八賴服務與進修而加補充者，兩日來所講者為會計報告分析中之精義，余以前未見諸課本，然耳熟能詳，亦可見學習中不廢所學之重要性也。

5月27日　星期三

職務

增用新會計人員事，今日與趙董事長說明 Stretton

回美前所做決定，並即轉請總務處通知中選人員前來公司接洽手續。下午續到中華企業管理發展中心聽講，今日為損益分析之各種方法，包括 Break Even Point 在內，比前兩次已較繁複矣。

5 月 28 日　星期四

職務

依葛副總經理之意見，對於美孚公司代銷本公司產品須新設帳戶而徵求意見時，其信用調查由本公司本處擔任，余因此事無人承辦，且頗有責任，值此內部人心浮動之秋，亦不便由公司本身人員擔承此一責任，乃決定委託徵信所為之，今日與中華徵信所來人談妥條件，依照其所定業務規程，聘其為顧問，顧問費一萬元，但免費承辦案件二十件，過此則按七五折計算，其每件定價 600 元，則每件在二十件內為 500 元，在二十件外為 450 元，比較最合需要云。

5 月 29 日　星期五

職務

信用調查事於今日交中華徵信所開始辦理，此次共有十件，其中五件為南部，四件為中部，一件為北部，所需之重點為調查各行號之信用狀態，票據期限與兌現有無脫期，以及全年銷貨與損益等。

體質

移居富錦街已五閱月，身體方面與昔無異，每日除金剛靜坐法照舊練習外，晨間上班步行二十五分，比之在南門居住時期有增無減，現在只有一點不同，即鼻疾在半月前忽然大為好轉，無排泄物，亦無失嗅之現象，但三數日來忽又失嗅覺，只鼻涕亦甚少，不知與新居之空氣較好是否有關。

5 月 30 日　星期六

職務

新徵求會計人員黃光元今日來接洽任用事，決定向現在任職之勝家辭職，下月十六日來本公司上班，此外代工廠徵求之會計人員第一優先陳祥光亦來接洽，渠為第一次任事，且須於七月三日始受畢軍訓，對於本公司所定大學畢業初任職務之三千元待遇表示尚須考慮，故展限五天再作決定。

交際

中午，黨校立監委員同學請全體黨校同學聚餐，師長到者余井塘、谷正綱與王世杰三氏，各有致辭，余氏以喜書之對聯「各勉日新志，能為歲寒姿」，語重心長。

師友

到台大醫院看朱興良兄之病，已移獨床病房，情況亦見好。

5 月 31 日　星期日

職務

余係五年前六月參加台達公司，至今適滿五年，余意如可能退休，在滿五年時即可退休，初不料現在精神與身體與五年前相較，略無差別，且在生活上亦尚非全無後顧之憂，況公司之退休章程至今議論紛紜，距定案之期尚早也。

交際

中午赴張中寧夫婦之宴飲，在座尚有廖國庥夫婦及其長女，並張兄友人蔣君等。

6月1日　星期一

職務

填寫建設廳之工商業經營狀況調查表，已完成其半，為關於資產負債表部分。今日繼續高等會計研習班第二週，已進入個案研究階段。

6月2日　星期二

職務

依規定，股東會後一個月須向市政府陳轉經濟部上年之財務報表，今日已將此次應造送者編就，皆就上年不合規定處加以改進，相信不致有何問題。下午續參加高等會計研習班，其主題為 Statement of Application of Fund，所示範方法有三，其中有一法為 Finny 書內所用，其餘則來自其他資料，教授樂梅江對準備教材甚為費力云。

6月3日　星期三

職務

將本公司應送建設廳之年報表編好，交總務處打印後送出，此表昨日大部就緒，今日為補編損益部分，將各項收支依其所定項目重新排列計算。下午到中國企管中心上課，此為第六次亦即最後一次，於下課前並由董事長李裕昆說明本計劃之目的與徵求各參加人之意見，另有書面兩紙，一為人事資料卡片，二為對本次六天來有何意見，余填具意見數項，一為希望將來講義錯字尤其數字儘量減少，二為希望將來舉辦班次仍用此次之時間，在白晝而非全天，庶可供參加人兼顧原有工作云。

6月4日　星期四

職務

委託中國徵信所調查之客戶信用已開始收到報告，今日擬定處理方式，由余依照該所評語記入美孚公司寫來之 Customer Record，另以業務處所來之簡便公函復送該處轉該公司，至於徵信所之報告則共有三份，本處存留二份，以一份附送業務處，業務處存留並不轉美孚公司云。下午到蔡六乘律師事務所研究本公司上月 21 日之董事會記錄與股東會紀錄文字，以便印發各董事與股東，蔡律師除文句有少許調整外，內容全無意見，但余詢以對於莫比公司每年必以結匯權為條件辦理增資與分紅，實太麻煩，彼亦同感，且認為此種要求實甚過份，因國內股東勢必等候該公司之結匯權有無著落，始能斷定能否取得紅利或增資股份也。

6月5日　星期五

職務

到花旗銀行接洽增加外銷貸款，並以其中一部分歸還信用貸款，緣本公司欠該行信用借款新台幣二百萬元，利率為月息 1.17%，數月來外銷突增，據主管人員云半年內可出口新台幣五百萬元，而以前所欠花旗銀行之外銷貸款至今日止即全部還清，為節省利息乃決定洽該行增加外銷貸款，今日計用 125,000 美元，即台幣五百萬元，除還信用貸款二百萬外，其餘一部分供用，一部分將還交行透支，利息本為年息一分，但該行本來以其總行之透支為挹注者，現在則已經滿限，須改用貼現頭寸，故方式改變，由本公司出 Draft 致其總行，而持向此間該行借款，還款方式與外銷貸款全同，利率則由原年息一分改為九釐五毫云。預估五月份盈餘並電報紐約，計為美金五千餘元，比上月略高，因銷貨額增加之故，但因外銷聚苯乙烯太多，並無盈餘，故情況仍不見佳云。上月為高雄廠甄取之會計人員，其第一名陳祥光已決定不就，今日通知第二名前來，詳談待遇與工作等項，待遇係與總務經理及工廠會計主任熟商定為五千元，但彼不以為足，是否仍然不就，余限於本與十日前答復，以便安排云。

6 月 6 日　星期六

職務

與周、孔二君及業務處之章君討論外銷品原料退稅現狀問題，此一事務本由高雄廠管理課主辦，每月對於申退數額有所報告，但孔君因有時鑑於所退現款稅款似乎範圍太大，認為有侵入記帳進口原料範圍之可能，故有時不將所收退稅款貸記應收退稅款，而另以應付款項科目處理，俟將來再行沖轉，如此處理顯然難免有若干延懸不決之事項，故今日討論結果，認為不必顧慮此中有無超過範圍之事，只應假定高雄廠本身已經能夠控制，凡所收現款均係應以現金退稅者，至記帳退稅部分則俟出口所含原料足額後，自當由廠另行申請云。

娛樂

下午與紹因在中山堂看電影，片為張美瑤主演之歌聲魅影，平平。

6月7日　星期日

家事

明日為中國習俗之端午節，上午到永和鎮姑丈家送所製之棗粽及在生計食品廠所買之狀元餅等茶食，至則不遇，留字約明午來寓午餐。下午同德芳到富錦街517號房客汪頌蘭家詢房屋有何問題，旋即同到國華建設公司將各情相告，希望迅予改善，以便早日結帳，蓋現在尚欠該公司尾款五千餘元，應以此為最後之付款條件也。

6月8日　星期一

職務

進口原料大部係以五至六個月之 Document against acceptance 方式為之，但供應商時有貨發先到而 draft 遲遲不到之情形，為保證提貨，須以估值本票向經辦銀行提出，以待正式 draft 與 bill of lading 到達時再行換回，而draft 之付款期常為若干日 after bill of lading，緣是記帳時不能知其確期，無法算其確期，今日忽發現六月間一筆到期原料款之保證支票已經撤回沖帳，但實際上 draft 與 bill of lading 仍然未到，顯係銀行手續錯誤所致也。

夏節

今日為端午節，午間聚餐，除家人四口外，並請姑丈與紹彭家庭教師李文堂及本公司高雄廠會計主任朱慶衍參加。

6月9日　星期二

職務

高雄交通銀行來函謂本公司質押透支五百萬元將於七月十二日到期，余與高雄廠會計室朱主任商量決定復函轉期，並將額度增為八百萬元，今日將復函寄廠轉洽。

6月10日　星期三

職務

將辦就之去年度決算書表於今日送市政府建設局存轉經濟部。為高雄廠甄選之會計人員第二優先謝照芳已復表示不就，乃通知第三優先。

師友

到台大醫院看朱興良兄之病，略有進步，但醫師似無有效之方法，只以養息為恢復之策，朱兄告余佟志伸兄曾由中央銀行杜君介紹一中醫崔霖山，謂對神經疾患有特別方法，余與朱嫂同往訪，並約其來病房診視，認為問題不大，首須通小便，熱度即降，然後徐圖復原，診後即回寓處方，逕交藥房煎好送來服用云。

6月11日　星期四

職務

編五月份 Capital Expenditure Report，仍包括一部分本年預算項目，另一部分去年 carryovers，後者希望至六月份止即可結束云。寫作五月份工作報告，預留最後一項五月份損益結果，待明後日結算完畢，再行補入云。

6月12日　星期五

職務

今日為本月第十工作天，應將上月之損益結算分別以函電報告紐約，周君之表製好已至下午，故余於下午只將分析內容之例函擬好一部分，尚有一部分將於明晨補入，為免打字不及，故今日已開始，預期明日發出也。

師友

昨晚朱興良太太以電話告朱兄服中藥後之病情，余於上午先以電話告知中醫師崔霖山君，然後到醫院探望朱兄情況後，再到崔君處面談，據云前、昨兩日服藥應有退燒作用，今日將另換新方，服用後不問有無效力，明日當停止一天，再作擬計云，余於歸後將此項經過以電話告知在院之朱太太。

6月13日　星期六

職務

寫完五月份會計報告之例函，盈餘較預算低 70%，原因為銷貨單價之低落，而成本則並未提高也。為高雄廠甄用會計人員，已有陳祥光及謝照芳二人不肯來就，今日與林天明經理約晤第三候補林君，渠為高級商職畢業，已有五年經驗，願就此職，並已決定月薪為三千五百元。

6月14日　星期日

旅行

本公司舉辦本年春季旅行，乘坐全國運通公司冷氣車，上午九時出發，十一時到角板山，沿途深山幽谷，茂林修竹，引人入勝，至霞雲坪前先至復興鄉，總統別墅前圍竹及側面山谷一游，然後由霞雲橋側循山路沿溪而入，行一小時餘，到小烏來，在將到前十餘分鐘，見垂練由山谷下瀉，最高處為水池，下瀉處甚平，但山岩束水為一小口，束水疾下，水花四濺，遠望水為全白色，至谷底則又有兩側山石，狀如城垛，約制流水急馳而下至深壑之間，真奇境也，上行到谷內有大石如船，亦即瀑布最高處水池之側，上溯數十步，就縱橫之水側卵石進中餐，然後緩步賦歸，經石門水庫回台北，時為下午五時半。今日之行余與德芳為伴，公司同仁及來賓尚有四十餘人，頗極一時之盛云。

6月15日　星期一

職務

上午舉行本月份會報，由趙董事長主持，提出目前最切要之問題，即上月份盈餘只有二十餘萬元，為向來所無，必須檢討原因，如估價太低，成本太高，銷量太少，必有其一，言下對於工廠之只重表面，未肯腳踏實地，認為有大加改進餘地，並以華夏近月之整理情形為例，說明其管理改進之必要云。

師友

下午往看朱興良兄之病，正在為矯正姿勢之理療，據朱太太云，現已不發燒，惟不擬再請中醫崔君續診，因謝人偉兄之建議，將改請中醫師王彥診斷云，余認為熱度既已退清，醫院之治療似已足夠，不必再請中醫云。

6月16日　星期二

職務

上午續開本月份業務會報，延長第二半天，依然勉強結束，因此兩天會議由趙董事長主持，彼對於數月來純益降低，極表關切，而對各部分業務，均有特殊之看法，因而時間特長，然亦因其意見太多，恐會後仍然我行我素也。兩月來選定增用會計人員，本處黃君已於今日到職，工廠之一員則波折特多，第一、二候選人均不肯就，迨第三人林君昨日允就，適工廠之袁廠長亦在台北，彼於任用通知發出後表示最好再加考慮，因其只為高職畢業，待遇 3,500 元嫌高，余告以無意見，蓋此次甄選人員本未將工廠者計入其內，因袁君不肯就地再找，故委託在公司順便辦理，而彼又意見滋多，甚至主管人事之林天明經理，本已囑稿與余會簽由趙董事長核准，迨袁君提出此一意見，彼亦謂待遇太高，出爾反爾，誠不知其用意何在也，目前公司內凡事不知和衷共濟，往往類此，此種只知攬權而不負責之作風，乃政治方面與公營事業之慣技，染之者鮮有不趨於敗壞者也。

6 月 17 日　星期三

職務

因銀行本月二十日休業，本月須提前於十九日發薪，故余今日趕編六月份薪俸表，幸因例行事務不多，至晚即行完竣，其中最不合理現象為同仁中已無人肯報加班費，而駕駛與工友所報加班費則日見增加，尤其兩個工友，只有每週五天半不報加班，其餘則每月可報至六十餘小時，至於司機則限每月四百元，於是皆儘量湊足，全是一種兇狠之表現。到開發公司與王德壽經理談該公司舉辦世界銀行轉貸之 Working Capital Loan 之情形，以便本公司亦來申請，據云現在正在研究，實施尚須有待，至手續則與以前之美金貸款相似云。

交際

晚參加由兩輪值公司約集之外資公司會計人員聚餐，大體上甚少缺席，但討論事項不多云。

6 月 18 日　星期四

職務

本月份薪應於明日發出，余今日趕早將支票送第一銀行，該行後日計息休業，謂希望星期一支用或明日代付現金，不採為各同仁入戶方式，以減計息之煩，余謂如不能用照例之方法，即改用支付現金亦可，但如可能，仍望用轉帳入戶方式，經其經理研究結果，希望於今日將各人取款條彙送該行，明日再取現款，以便早作利息計算，余同意照辦，歸後即囑徐倫定君早將取款條分送，並於下午五時前送該行登帳，明日再取現款云。

6月19日　星期五

職務

連日因需時較多之工作太多，其較零星之事項則一延再延，擱置頗久，今日乃予以清理，其一為交通銀行與中華開發信託公司函索去年財務報表，本因未經股東常會承認，不便公開，後則股東會雖已通過，然無暇及此，故仍置而未復，今日始予以答復。美孚公司託建儲藏化學品倉庫與儲藏槽一計劃，本已結束，但余今日核閱帳列長期放款為數低於該公司撥列之數，詳校後知係該公司由國外付款進口部分未經計入，帳上雖已列入工程費，但負債方面則歸於普通之應付帳款，顯然科目有誤，乃囑孔君予以調整。

6月20日　星期六

家事

張中寧兄來訪，係為紹彭考課，張兄關懷紹彭之升學考試，已數次來為之溫習三民主義，盛意可感也。下午與紹因、紹彭洗刷紗窗，前面走廊全刷好，後門在廚房，紗門油煙太重，已著手，尚未完成。

6月21日　星期日

交際

黨校同學賴文清本月二十六日將慶七十生日，來函徵求文字，余為之題「行健不息」肆字，並為之跋曰：「潤芳學長許身革命，逾四十年，今為七十華誕，而精神矍鑠，馳驅國事，無殊四十年前，不愧吾黨健者，僅書以賀。」

娛樂

下午到國軍文藝中心看小陸光演出平劇，為全部鳳還巢，其優點為角色平均發展，皆認真演戲，主角尤佳。

6月22日　星期一

職務

自一個月前開過股東會，至今雖已將紀錄寄出，但文卷未有整理，漸漸對內容遺忘，整理即將需更多時間，故於今日趕為整理，歸其應歸之卷，頓覺輕鬆不少。與周、孔二君商量工作重新分配，因本月下半月黃光元君參加工作，亟應乘機將向來難以分配之工作加以處理，計決定：(1) 製傳票與記載產成品明細帳工作由孔君劃出一部分交黃君辦理，孔君加辦已開好支票分交領款人及保管工作，使不完全集中於出納；(2) 成本分析工作亦由周君轉一部分於黃君。

師友

晚，張中寧兄來為考紹彭功課，並取去余託人代為打字之其長公子人事表件。

6月23日　星期二

職務

再三斟酌本處工作分配方案，而於今日作最後之修正，其中最大之變動為現金工作之再度分工，此外即為記帳工作之予以分散，均將由下月一日實施。

娛樂

晚，趙筱韻小姐招待在國軍文藝中心看平劇，由海光國劇隊演全本玉堂春，其姊趙復芬飾蘇三，劉玉麟飾王公子，謝景莘飾藍袍，配搭極為理想，趙以唱腔見長，而劉之小生亦最為突出。

6月24日　星期三

職務

到國稅局洽談55與56兩年緩扣綜合所得稅申請案，主辦者陳正雄，其目的在向本公司詢明此二年度之申請增資日期及歸還各債日期，蓋該局曾陳奉財政部規定合於規定之還款，應在股東會之後與增資變更登記申請之前，余與之洽定將各項資料以公文送往，但口頭聲明，堅決反對此種割裂之算法，蓋增資決議財政部曾解釋准予追認，則起算日期即難以捉摸，而申請變更登記之日期，或早或晚，與還債之或早或晚，皆不能視為有何本質上之問題，故余告云，此事余以前最恨該局之拖，現在則認為拖亦大佳，蓋如照上述之生吞活剝方式核回，本公司既無法照辦，勢又須延聘律師、會計師辦理訴願，勢將費時耗財，而問題之不能解決也如故。

6月25日 星期四

職務

今日忽有實踐文物供應社者來持余所簽字之訂單，送來當代名人書總統嘉言32幅，收款2,400元，該訂單無日期，謂係去年所定，余完全不省憶其事，總務金君斥其先返，容查明再為通知，據金君推測完全偽造，但余見簽字似真，金君云目前有一集團，其中有偽簽專才，亦云奇矣。

6月26日 星期五

職務

間接外銷之處理，比內銷或外銷加繁數倍，而更易於受客戶利用，以外銷低價取得貨品，然後內銷，以取得部分貨款遲付之利益，此事在本公司早已警覺，然因總代銷之美孚公司遇事全站在客戶之立場，致無法可以控制，余於今晨與營業處章君談如何使之走上軌道，仍無結論，但余已指定黃君對此事作一專案研究，利用營務處所登記卡片分析有何客戶對其所提供之內外差額保證之支票到期不提交換，長久對本公司部分應收帳款變相虛懸，然後確定如何美孚能嚴格使客戶照約履行，不於屆期時要求延展云。

6月27日 星期六

職務

自本處接辦客戶信用調查，完全係轉委託中華徵信所辦理，現在第一批交去者已滿一月，只半數有調查報告送來，原送來會簽之美孚公司已感不耐，來信相催，余即轉催該所速辦，據該所表示，此項調查資料已經集齊，只待譯為英文，即可送來，因近來譯文工作太多，人手不足，致有積壓云。

交際

晚，參加石鍾琇兄次子婚禮於中山堂，由余井塘氏證婚，席間晤八六老翁徐顧問（台銀），望之不過六十餘人，云係日功不輟，眠食有度之效。

6 月 28 日　星期日

交際

晚，童世芬夫婦在板橋寓所約宴，在座除其家人外，尚有張君夫婦與戴君夫婦等，意在為德芳赴美餞行。

娛樂

下午在藝文中心看小大鵬平劇公演，一為打槓子，為一玩笑戲，頗有趣味，演員孫中凱、余中琪皆甚盡職，二為岳家莊，高中蘭、王中鳳、王中儀、李中發等合演，均演來不苟，童伶之可觀處亦在此。

6 月 29 日　星期一

職務

約集全體同仁談話，說明自七月一日起重新支配工作之重點，並討論各種改善之根據與徵求各人之意見，所獲結論甚為有用。美孚公司將以開南木業公司支票五十餘萬元支付其明日到期貨款之一部，由於開南要求此一支票延至一週後交換，美孚亦要求本公司如此，而不向美孚算收利息，余因計算之事非余所主，故允該公司來信說明此一支票不能立即支付之原因，俟向即將回台之 Stretton 說明再行決定計息與否。

交際

晚，應邀參加美孚公司酒會，為白鐵珊交代與陳君之對外介紹而開。

6月30日 星期二

職務

將國稅局囑填之五年免稅表與高、孔二君合力填好，於下午送往。上月二十一日股東會分配紅利後，尚餘四十餘萬元之盈餘未作分配，今年起應預扣百分之十，於會後一個月扣繳，扣繳後十天內繳庫，乃於今日照數繳納。

集會

上午開小組會議，對建屋案有所說明，地點將在內湖，政府傾向於改作貸款云。

交際

應邀參加會計師節之酒會，道賀後即返。晚與葛副總經理及高銓、林天明等君合請美孚公司新舊經理白鐵珊與陳義於再保大樓。

7月1日　星期三

職務

本公司在高雄交通銀行之透支將於十二日到期，前接該行來函，復請再延六個月，並增為八百萬元，後接工廠朱主任電話謂該行之意仍為先照五百萬延期，並定為一年，然後再相機增加，故於今日去函請延長一年，仍為五百萬。

交際

下午到航空站送白鐵珊經理赴美接任莫比油公司職務。

7月2日　星期四

職務

因上週與國稅局所談 55 與 56 年未分配盈餘緩扣股東所得稅問題，今日正式辦文，將補充資料如還款之銀行證明及申請登記增資日期等送該局，並聲明如照財政部解釋只許在股東會以後與申請增資登記以前之一段期間內之還款，始許緩扣，則事實法理皆無道理，請考慮照本公司建議，勿受限制云。

7月3日　星期五

家事

紹彭今日起參加大專升學聯考，今日為第一天，上午考試國文、數學，下午考試中外歷史，除上午入場由紹因陪往外，其餘時間皆由余陪考。

職務

與總務處及採購處合填國際貿易局所發之表格，其中內容甚為廣泛，且不限於貿易方面，填好後即交由總務處留底後寄至該會。

7月4日　星期六

家事

上、下午均到金華國民中學為紹彭參加大專聯考陪考，晨間係由紹因陪往，其餘時間大體上由余陪往。

師友

晚，李德民君來訪，閒談並贈送陳設用聖經金句一面。

瑣記

晚飯，七弟夫婦率兩女紹曼、紹蕙來渡週末。上午到南門台灣銀行取款，備付飛達旅行社所定之德芳赴美飛機票。

交際

上午到合作協會參加慶祝卅週年酒會，並取來竹製果盤一隻。

7月5日　星期日

瑣記

全日在寓照料瑣事，上午準備午餐，下午接洽木工修改前作之颱風窗，因安裝後不甚適合也。

師友

晚，佟志伸兄來訪，閒談朱興良兄病情，認為甚多可慮之處云。

7月6日　星期一

職務

高雄廠會計主任朱君循例來公司辦理月算，談該廠上次加人無結果，建議將部分工作移來台北，即不再加人，余答謂此部分工作曾一再研究不必移來，現在關於加人問題，仍不妨由高雄自行解決，大可不必與工作分配問題混為一談也。

7月7日　星期二

職務

估計本年六月份銷貨盈餘，以電報送紐約，此次盈餘較前兩個月為高，計有新台幣五十餘萬元，原因之一為銷貨成本略低，原因之二為較有利之銷貨如電木粉之數量較多，而實際占最大成分者仍為聚苯乙烯，惜因外銷太多，以致對盈餘不能有所貢獻也。

參觀

到博物館看王旦旦小姐畫展，其臨摹功夫無論人物、山水、花卉，無一不精，大件者則無論石濤、大痴，皆能同樣表現其氣魄與技法，在一弱女子，真乃不世出也。

7月8日　星期三

職務

紐約來電查詢，謂本公司所作 High Impact Polystyrene

AFE 所用折舊年限為 12 年，但查財部公布新折舊年限表之合成樹脂類為八年，詢以何故，余因此為工程部分所作，乃詢之潘永珍小姐，彼謂並未正式送 AFE，且曾送草案數次，最初用 12 年，後又用 15 年，並不劃一，無已，余乃籠統作復，謂所採 12 年係求與現在實際折舊一致之故，該電又謂福美林廠折舊率為十二年，囑再證明，潘君謂並未送 Formalin 廠擴充計劃，不知其所詢為何，余忖度諒係紐約方面擬照表採用於其正在為本公司所作之計劃，故於復電中亦只籠統告以現在所採者為九年云。

7 月 9 日　星期四

職務

本公司少數不能參加勞工保險人員向係參加另一團體保險，保額五萬元，保費一千二百元，且仿照勞工保險之分擔比例，資方 75% 而勞方 25%，現在又續保一年，分擔比例由於勞工保險改為 80% 對 20%，故亦將照改，職員自負部分應由原來之 300 元改為 240 元，而公司則由原來之 900 元改為 960 元云。

7 月 10 日　星期五

職務

編製六月份 Capital Expenditure 月報表，仍含本月份及去年 Carryovers 各一紙。

家事

上午十時半德芳搭日本航空 704 次飛機赴大阪，余往送行，紹因上暑校，紹彭看家，均未能往，友人往送者有李公藩太太、楊秀卿小姐及台達同仁約十人左右，包括林天明、高銓、洪有統、周煥廷、孔繁炘、黃光元、王昱子、高秀月、王淼、丁川、吳靖、凌碧霞諸君，下午一時日航有電話至余寓，告已安抵大阪。

7月11日　星期六

家事

紹彭今日赴中山國校參加役男體檢，據云為甲等體位，須服常備兵役。今日為德芳赴美動身後第二天，除洗衣工作余與紹因、紹彭各自擔任外，炊事昨日由紹因備晚飯，今日下午只有余一人在家，故將德芳未用完之水餃餡和麵後製成水餃，此為生平甚少之經驗，初和麵太少，其後加多，但賴部分大小不一，始克皮用之麵粉與餡用之菜肉相互配合，無多缺之弊云。

7月12日　星期日

家事

因德芳赴美，預定家事由余與紹因、紹彭分任，其中洗衣一項，個人自理，炊事則在紹因下星期二暑校結束前視每日情形臨時安排，但買菜則原則上星期日由余赴古亭市場採買，其餘各日則由紹因在民生東路酌辦云。

娛樂

下午看戲，葉復潤演戰樊城，作派極精絕，無輕舉妄動之病，唱腔不高而受聽，姜竹華演紅娘，唱做扮相皆無閒言，而舉重若輕，終場似仍有餘力焉。

7 月 13 日　星期一

職務

寫作六月份盈餘結算之送表信函，本月份盈餘差強人意，雖只達預算之半數強，然已略較前二個月為勝矣。訪中華開發信託公司財務處王經理與技術處張處長，談本公司洽借 Working Capital Loan 事，據云因中國政府手續未完，只財政部批准，而中央銀行尚未表示同意，故在形式上尚不能接受申請，余請其將手續見告，以便早日準備，俟接受時可立即遞入，經取回空白一份備填。

交際

晚，請美孚公司全體工作人員在華新晚餐，本處七人全到，該公司則到者六人，為白經理與王、吳、沈、徐、王（太太）諸君。

7 月 14 日　星期二

職務

同孔君到國稅局，凡二事，一為去年藍色申報已由呂審核員告孔君以最後結果為須補稅六十餘萬元，主要為耗料之減列與 25% 稅率之適用，前者彼不能不照去年標準，只有申請複查與訴願之一途，後者則據云已有行政法院之判例，不可變更云。

集會

到工商協進會代表趙董事長參加稅務討論會，主要為有關政府擬議中之營業加值稅問題，此在本公司之生產貨物稅貨品者毋寧表示歡迎，因新稅取代舊有營業、印花、貨物三稅，尤其貨物稅稅率太高，新稅必降低也。

7月15日　星期三

職務

今日有一特殊事故，數人商洽，終乏善策，緣三年前趙董事長以公司名義進口汽車一部，初由公司墊款，後又歸還，作為其自購，隨即售之他人，依規定三年內不能過戶，且與買主有約據，現在買主因過戶須由公司出給統一發票，但公司並未買車，何能賣出而出給發票，如作為現在買進，立即賣出，不但其事理欠通，且購入固定資產超出十萬者須送紐約簽發 AFE，故此路亦屬不通也。寫作本月會報用之上月份工作報告。

7月16日　星期四

職務

編製七月份薪俸表，此次仍與上月情形相似，同仁中無人加班，只有司機與工友報支加班費，其實若無彼等之報支，則職員待遇將每月相同，無所增減矣。

瑣記

昨晚以發粉和麵，今晨試做饅頭，此為生平第一次，然出乎意外之成功，既不變酸，亦未用鹼，而饅頭則十分正常焉。

7 月 17 日　星期五

職務

本年第二季季報表已由周君編好，其中有各科目比去年同期比較增減，如差至美金十萬元以上者須有說明，其合於此一要求之科目有應收帳款、存貨、固定資產、應付票據等項，經查核兩個六月底之明細餘額，加以說明。

集會

晚參加革命實踐研究院聯戰班一至五期聯誼會，由大鵬演二進宮與八五花洞，尚佳。

7 月 18 日　星期六

職務

省政府前囑填送工商業抽樣調查表，因其所用科目與本公司者不同，故除儘量按所定科目比照填入外，尚有無所歸屬者則統入「其他費用」之內，結果為數太大，乃又要求再加分析，余乃於今日再依製造、推銷與管理三項費用內容，挑出為數較大之九項加以列舉，結果其他費用只餘一百萬元，占全部支出九千餘萬元之百分之二（規定須有明細數之標準），即交總務處轉洽。

7 月 19 日　星期日

師友

王慕堂兄夫婦來訪，適余赴古亭市場買菜，未能相遇，余歸後以電話聯絡，知其病已轉好，但謂可能為入秋冬則逆轉，近春夏又好轉之循環情形云。

7月20日　星期一

職務

T. E. Stretton 總經理昨日由美銷假回台北，余將一月餘以來之大概情形作一簡略報告，彼始終認為外銷聚苯乙烯不賺錢乃是一謎，蓋彼依工程部分之計算為可以賺錢，但本處分析則否，余告以此乃理論與實際二者間之距離，恐理論自理論，而事實自事實也。下午，參加中華企業管理中心成本控制研討會，此為第一天，由陳宏博教授講製造成本以外之成本控制方法，所引 Dupont Formula 頗有獨特之處。

7月21日　星期二

職務

續參加成本控制研究班，由陳奮教授主講，今日所談皆為一般性之事項，但因其舉例明確，故頗能吸引聽眾之注意也。對於此種 Seminar，參加者甚為踴躍，余之觀察，有下列可以發人深省之處：（1）聽眾皆各公司之會計主管或會計人員，多數學歷並不甚佳，如此可以進修；（2）學費雖昂，然皆由公司負擔，故參加者得以繁忙中之精神獲得調劑之道；（3）參加者皆為青年、中年人，老人如余者甚不多見，亦可見此為年輕人之天下，老人亦漸就淘汰矣，而老年人不能自強不惜，洵可悲也。

7 月 22 日　星期三

職務

舉行本月份業務會報，窮半日之力始竟，此次會報本應為擴大式，在高雄舉行，因上半年業務不佳，以致皆無甚高之興致，乃在此照平時情形辦理矣。今日余提出資料仍以六月份為主，另行加入本年上半年之損益與預算增減比較，另外並特別編製三個半年之環比比較損益表，顯示今年上半年比去年兩個半年皆為不如也。

7 月 23 日　星期四

職務

Stretton 因 formalin 本月份減價，影響盈餘，且下月份又有減價之醞釀，乃囑編製盈餘分析表，以六月份實際成本為計算根據，求出如果再跌或減產之後果應為如何，余意黃光元君草擬之，彼按比例求算，雖亦有大致之結果，然終不正確，余乃囑將成本中之不變與變動二者分清，在減產情形下不變成本仍然照算，結果顯示減產並非良策云。下午到中華企管中心參加成本會計研討會，由陳奮教授續講成本控制技術，今日所講為標準成本差異之計算與彈性預算等，最後以半小時討論各參加人提出之問題，全程告終，余皆準時列值，僅昨日因開會未有出席。

7 月 24 日　星期五

職務

余對本公司傳票附屬單據之必須後補者設定一種辦

法，即附入一張備查單，俟其補入時抽換銷號，但長久不加檢查，而經辦人又不照補，即無從獲知，今日余囑實習人員補作檢查，由五月份上溯，單據不全者予以記錄，並向其追索單據。下午，舉行臨時股東會，選舉新任董事與監察人。

7月25日　星期六

職務

六月份出口之各種產品銷貨收入皆不能收回變動成本，今日與業務處加以檢討，認為如不能降低成本，只有停止出口，或提高售價，此事為一不須檢討之事實，乃本公司所面臨之嚴重難題也。由黃君編製一種預計表，假定六月份之福美林售價再降低兩個二百元，又假定只降低一個二百元而減銷二百噸，其盈虧情形應為如何，此一計算最初係將固定分攤成本亦予以重攤，其後因 Stretton 只認可將變動成本有所降低即可，故編製二次，始克竣事。

7月26日　星期日

閱讀

讀陳立夫氏新出版「從根救起」，為一短篇結集，可分為二大部分，一部分為闡揚孔孟思想，另一部分為談中西醫藥之區別及中國倫理觀點如何在西方造成奇蹟，如兩所大學圖書館之成立淵源等，實可歌可泣而有血有肉也。

娛樂

看平劇「金水橋」，由周慧如主演，唱工甚穩，惟台風頗板滯，當係年事漸增之故。

7月27日　星期一

職務

上月財政部透過國稅局交填減免營利事業所得稅績效表，急如星火，勉強填送，更因分欄含混不明，該部竟不能應用，於是又派專人四出接洽補充，余於上星期四接到，原欲於星期六辦畢，但因問題經推敲而愈多，直至今日始行完成。為計算 Polystyrene 新廠完成後產量是否達到增加 30% 之要求，初由廠會計主任朱君以去年全年為基準，算得今年一至六月份恰接近 30%，但未超出，今日由孔君重以去年二月至今年一月為擴充前，而以二至六月為擴充後，則算得結果為加 31%，將以此為基礎辦理申請，蓋完工為一月 28 日，自亦說得過去也。

7月28日　星期二

職務

日前對財政部之營利事業所得稅方始填好寄走，今日又有經濟部之營運報告表，須將上半年分旬填報，經填好後發現其中之收支一部分表格式大有問題，蓋此為損失表之變相，但其中第一項即為進貨金額，乃照此科目之數額列入，發現總數超出損益表之總數，略一推敲，知由於進貨數字未計及期初期末盤存，當不能與損益表全部相符，於是再加修改，始告完成，此等事極浪費時間也。

7月29日　星期三

職務

辦理今年公司所得稅預估申報，此次與往年不同之點為：（1）依照國稅局所列表式，對於以盈餘擴充設備之25%免稅不予減列，意即照完所得稅，勢須待至年終再按不同之基礎於結算申報中照列；（2）稅率適用25%，往年余皆不採取，今年因行政法院已以判例同意財政部之解釋，認獎勵投資條例中之受獎事業稅率不超過18%一詞含義為指總所得，不僅指課稅所得云，如此則此項規定實已有名無實矣。

家事

楊秀卿小姐已將託其帶華盛頓交德芳之物件取去，將於八月十一日成行。

交際

參加於傳顯君結婚禮於第一飯店。

7月30日　星期四

職務

所辦信用調查，因業務處完全對於美孚來件照轉，其中有在上月方始調查，現因增額而又請調查者，余見中華徵信所評語本來極好，感無此必要，經即照簽字後備函說明。

集會

上午到國大黨部開小組會。又到中山堂開光復大陸會，由最近來台一代表之子報告匪情。

娛樂

晚，趙筱韻小姐招待看戲，其姊復芬與劉玉麟、高德松、謝景莘合演鳳還巢，工穩之至。

7 月 31 日　星期五

職務

今日照例因美孚支付貨款而頭寸大鬆，須歸還高雄交通銀行透支，以備將來缺款再用，以省利息（該行透支五百萬元，每月息金一千七百元之數），但自七月十二日透支合約屆滿去函商請續訂後，尚無回音，慮及如不續約，還後即暫時不能再用，大約半月後即須因頭寸軋短而再用，此事煞費躊躇，電話詢之高雄廠朱主任，亦無由知其續約之可能確期，不得已只好仍舊歸還，惟將數目略降低為三百萬元。

8月1日　星期六

職務

前年開張去年歇業之長達公司，曾於去年底報紐約表內寫有 Resolved 字樣，於是紐約寄 Corporate Details 報表空白囑填，余詳看其說明，雖云凡 Dissolved 之投資單位亦須填報，然格式內事務多為存在單位之項目，可謂不切實際，因而只填其第一欄，說明何日開張何日結束，原因為無利可圖，只好收回本金完事云。

交際

晚與沐松濤、陸慧禪、徐正渭合請劉允中夫婦子女，送其赴美，大約月底成行。訪廖國庥兄，贈其回國之女公子木刻手袋一支。

8月2日　星期日

師友

上午，廖國庥兄率其長女由佟志伸兄引導來訪，係為答謝其昨日接受余之餽贈。

娛樂

下午看小陸光表演平劇，計三齣，首為周光華之白水灘，乾淨利落，武生長才，次為溫陸華女起解，極工穩，末為譚光啟黃金台，最為生色，彩聲不絕，余所見之童子班鬚生以此為最，年方十歲，而唱做念白皆夠水準，唱來且有韻味，難得之至。

8月3日　星期一

職務

本公司今年擴充 Polystyrene 設備，比前加倍，但因始終不能把握產量，直至六月底之五個月平均產量始可勉強超出過去全年平均之百分之三十，如此即可申請五年免稅，Stretton 對此尤為焦急，因如再延數月，生產紀錄或更低於此也，余許其十天可以完成申請，彼認為時間太長，但余告以無能為力，彼亦只好聽之。

瑣記

下午同紹因到物資局購進冂充公品，襪子、肥皂、化裝品等，皆低於市價，所購物品備德芳在美回台所帶不足分配時，即可加入分配。

8月4日　星期二

職務

十天前之股東臨時會紀錄整理完成，並交中、英文打字，已整備於今日下午發出，忽又發現中文紀錄有誤字，此項油印本於打好後應交余將蠟紙校核後再印，此次因字數不多，打字小姐自行看好後以為有把握不誤，未料仍有漏洞，於是決定重打，因不能在蠟紙重改也。編製四至六月銀行借款最低與最高餘額及支付息金表一種，此表為初次編製，初交高秀月君編列，迨見其中漏列誤列之處甚多，經一一校正後，結果比自己編製未省若干時間，高君為本公司有數之聰明人才，設為他人，恐更難有成也。

8月5日　星期三

職務

為六月份外銷不足以敷成本，Stretton 又囑分析成本內容，並開會檢討，今日開會參加者有 Stretton 及葛維培、洪有統、周煥廷諸人，其中有須本處注意者為：（1）推銷費用不按月做應付分錄，故有參差之處，不能按月確計損益，將來由業務處於月底將未付之外銷運費與佣金開示，先行分錄；（2）標準成本與實際成本相差較大時，往往當月為外銷與生產不能一致時，即須以較大或較小之銷貨負擔較小或較大之生產成本差異，決定新產品暫免用標準成本。

8月6日　星期四

職務

忙碌終日，皆為本可省卻而實際並未省卻之時間，其一為上月二十四日之股東會紀錄，須印製分送各股東，但因打字之一錯再錯，印製三次始得發出，其中余因事忙不及注意，或因過分相信打字人員之校對，均於將次付郵始行發覺，雖免於如開會通知之忘打時間，此中漏打人名之笑話不致發生，然已浪費數度推敲之時間，始獲免於鬧出笑話也。定酒席並發出通知，定下星期三與通用器材公司合請各外資公司之財務會計人員。

8月7日　星期五

職務

今日為預估上月份盈餘電報紐約之期，初意因銷貨減少，必無純益，或致純損，待算好後竟與上月相彷，乃囑周、孔二君，再作嚴密之複核，仍未發現有何漏列之費用或損失，結果以稅前純益美金一萬元列報。Stretton為預計下半年用款情形，與余討論向中華開發公司借用周轉資金事，余向其提供意見，最好能緊接進口原料D/A條件之票期支付，始有實際便利，談後並囑採購處高君將年內預計付款之情況加以預計。

8月8日　星期六

職務

Stretton對於正在進行而未完成之工作慣於一再查詢，此等事最易引起人之不快，蓋若干事余已交辦，余常冷眼旁觀，知其確非屬延滯不理者，或深知事不簡單，非一蹴可幾者，以致時間性不大，稍延不妨者，皆不肯採此方式，因而自處夾縫之中，苦不堪言矣。所兼董事會職務此次印發股東臨時會紀錄，其事甚簡，然因打印發生錯誤，一再改印，三次始行發出，今日忽又接董事之一來信，謂紀錄內之陳義應為程義，此為夙所不知，蓋此人在美孚港公司，數度介紹，只謂Andrew Chen，未交換名片，以常人之譯音，必陳無異，孰知初次見以程譯Chen者，乃亟回信示歉，可見所謂凡事多從忙裡錯，真應更加細心推敲也。

娛樂

晚，佟志伸兄約看訪日少年國劇團之出國預演，凡三齣，即搖錢樹、青石山、金山寺，中間夾以雅觀樓、打槓子與鍘美案，乃為今日調劑換裝時間者，其實此三戲皆不弱，而將出國之三戲則皆為火熾之武打，而場面與出手等手法大致相同，雖演來不易，而貽人以單調之感也。

8月9日　星期日

娛樂

看今日世界姜竹華等演天河配，此劇以機關布景號召，但唱做亦均有甚高水準，余幼年曾看此劇，故事是否完全相同，不能比較，但該劇如今日所演者係由牛郎受嫂虐待，經神牛拆穿一路發展，穿插鵲精之報恩，頗為感人，不能僅以神怪應景目之也。

8月10日　星期一

職務

全日在亂中度過，緣 Stretton 之處事喜作 Follow-up，任何交辦事項必須一提再提，且絕不知人之厭煩表情為何，只顧我行我素，今日完全為交卷而趕工，其一為彼所注意之 Cash Forecast，已由孔君編好，其實每月相似，然彼必須逐月推敲，然彼對於如何對缺款情形加以注意，又似萬分遲鈍，此實所謂察察為明之輩也。

師友

楊秀卿小姐來取去託帶美國交紹南之物件，計有唱片、食品、書刊，共十種以上，另外贈其木製手袋一隻。

8月11日　星期二

職務

為計算六至九月份之 methanol 平均單價，費去超出想像之時間，蓋數月來因有一批進口價特高之原料以每月八十噸攤入成本，故原料有兩部分，欲求平均單價，必須將此兩部分同時顧到，又須將可能由其他來源購進者之單價數量及每月可能消耗量均加以計入，如此即須一面諮商採購人員，一面洽商銷貨人員而加以斟酌計列，最後列成一表，而計算時之工作表則數倍於此矣。

師友

下午到航空站送楊秀卿小姐飛美，余到時三時，而飛機由四時提前至三時起飛，致未晤及。

8月12日　星期三

職務

編製七月份 Capital Expenditure Report，仍為兩張，一張本年度，一張上年度 carryovers。到中華開發信託公司訪沈琰副總經理，談 Stretton 與彼之張總經理談過洽借 Working Capital Loans 一事，據云似須該公司先到本公司了解財務狀況，詢其何以開始，但沈君謂非如此，須本公司將前交來之空白表格填好，再作進一步之計擬，於是照此辦起，Stretton 辦事往往如此，彼之處理公務完全無分層之意，任何細小事務，彼皆有過問之可能，然彼又不肯完全負責，結果徒然多出許多討論接洽解釋之煩，故在彼主持之公司內，任何人無法提高工作效率，然又人人忙迫不堪，情緒亦復不寧。

交際

晚與台灣電子公司共同召集會計人員聚餐，共二席，因今日大雨不止，致三十餘人只到三分之二云。

8月13日　星期四

職務

今日事務繁多，主要為編製對中華開發公司申請借款之表報，甚多為重複工作，但此間金融機關亦與銀行與政府之作風相似，規定各種表式，只為表現其慎重與周密，而不問填表人之死活。今日所餘時間為與 Stretton 討論成本分析，此人對公司盈餘漸減之唯一對策，為不斷的從事分析，在未明真相前，足以解嘲，在已明真相後，亦足以表示事已至此，彼非不注意，特無計可施耳。

8月14日　星期五

職務

完成向中華開發信託公司申請借用 Working Capital Loan 之各種表式，大體分為兩套，一套為信用調查，一套為借款使用與歸還計劃，余填好後須向 Stretton 請示後始可繕正發出，彼初謂借款金額與押品及還款方式均可任其空白，待該公司來人調查後再議，余謂其主管之副總經理並非此意，而要求立即填表，如表內不填金額押品與還款，將無事可填矣，彼乃同意余之見解，姑予照填，再行洽商細節。寫作七月份會計報表之月函，經 Stretton 閱後發出，此人意見孔多，而多屬只知其一不知其二，故甚難應付也。

瑣記

二樓鄰居段君來談最近有關富錦新村房屋之共同問題，尤其關於隔壁便所損壞遺糞於巷邊人行道，以及安裝大門等問題，其本人則商量於房屋出租後暫用本號電表，余原則上允其所請，但用電情形不同，如何計算大有問題，望審慎籌慮云。

8月15日　星期六

職務

三件申請免所得稅公文於今日辦好，一件為向建設廳申請聚苯乙烯第二套設備全新之證明，一件為向國稅局申請聚苯乙烯五年免稅，另一件為向建設廳申請此一工程完工日期之證明，以憑向國稅局申報，藉以解除去年所得稅免計 25% 之責任。寫作上月份工作報告，備提下週之工作會報。

娛樂

下午看中山堂電影「怪俠歐陽德」，由蔣光超、沈雪珍主演，滑稽突梯，但結尾太鬆。

交際

晚，參加盛禮約兄嫁女喜宴，以基督教與一般社會儀式混合，牧師在飯店證婚。

體質

因夜間常因小解而醒後不睡，再向聯合門診求診，由黃潮海醫師診治，謂驗尿正常，試血壓亦正常，仍開藥續服。

8月16日　星期日

娛樂

下午到國軍文藝中心看小陸光演戲，為探陰山、拾玉鐲及蘆花河，以最後一齣為最佳。蘆花河由陸光歐陽陸鳳與邱陸榮合演，一旦一生，皆有唱工。

8月17日　星期一

職務

舉行業務會報，費時半天，皆為不中肯之空談，但其中余報告退稅應收款之不斷增加，引起注意，經加以檢討，發現此應收款之數字代表甚重要之意義，蓋現在每月間接外銷約一百頓，退稅應收款約五百至六百萬，若以每噸單價五至六千元計，則此為一千頓之應收款，豈非達十個月之懸欠？而售貨條件為五個月須提出外銷資料，以便申請退稅，此事經業務處解釋，認為稅務機關不能在二、三個月內辦竣退出，故拖至十個月之久者，非完全由於顧客延宕也，乃決定由業務處就此項數字加以分析，由於政府者若干，由於顧客者若干，以便謀求改進之道云。

8月18日　星期二

職務

編製本月份薪俸表，因有少數新進人員之扶養親屬未有報告，致扣繳所得稅若干不能算出，須加等待，致浪費時間。五年免稅申請與百分之二十五擴充免稅申請已經辦好，凡兩文致建設廳，另一件致國稅局者則因

Stretton處尚未判行，只好再為等待。

8月19日　星期三

職務

由於產品別之盈虧分析不能按月表現一致之趨勢，總經理Stretton認為標準成本制度不宜再用，余告以此非標準成本之過，反之，適因有標準成本之故，而發現工廠成本之漏洞，以及銷貨情形之不正常，蓋如工廠各成本因素穩定，而銷貨不忽高忽低，則每月轉入銷貨成本之差異即不會有很大之數字，今正因差異之太大，而發生盈虧之不穩定，銷貨之忽高忽低，亦使每月銷貨成本忽大忽小也。

8月20日　星期四

職務

紐約來信數件，或查詢本公司去年底年報表資產負債表數字何以不與查帳相同，或查詢其中若干科目之詳細內容，或又以平時之月報表科目總餘額與每月信函所報告之銀行借款何以大小各異，信之來源不一，故其所生之問題亦深淺有異，乃為之一一查核帳目，備具說明，尚有查帳報告本身所引起之疑問，余亦不能了解者，則函會計師事務所俟復再行彙辦云。

8月21日　星期五

職務

舉行上、下午之連續會議，討論有關間接外銷之退稅困難問題，蓋去年係按外銷價列收入帳，但因包括一部分可退之稅，故又虛轉應收退稅帳，並按月份分戶，今年又改為按客戶名稱分戶，而實際退稅由工廠與業務處擔任，不易分成月份，討論結果決定由本公司分成客戶名稱，使去年與今年一致，然後再核對欠退之情形云。

8月22日　星期六

職務

編製間接外銷之舉例客戶台灣工業公司購貨盈虧情形，該公司只買發泡聚苯乙烯一種，該貨利潤本較為優厚，計算結果，似乎利潤甚為不薄，計算方法係由銷貨收入加入應退貨物稅關稅，減去銷貨成本及直接銷貨費用並三個月貨款之利息，其中較繁複者為銷貨成本，係採實際成本，不用標準成本。又去年部分成本不含進口稅，今年含進口稅，故去年需不加入進口稅作為收入，今年則須加入進口稅作為收入，以資沖銷云。

8月23日　星期日

師友

劉允中夫婦來訪，余未遇，承送法國名酒一瓶，此來係赴美辭行之意。

娛樂

看育樂中心平劇公演，由葉復潤主演全本法門寺，代大審，唱白及花臉均好，花臉為吳捷世，在此間名氣不大，但表現極好。

8 月 24 日　星期一

職務

重新修正前日所編銷貨於台灣工業公司之盈餘計算，因前日所編有二項缺失，一為利息負擔只計算原始貨款三個月部分，實際上退稅收入部分，自銷貨至客戶提供外銷資料為五個月，而退稅自申請至退到又須半年，故此項十一個月之利息亦應計入也，次為其中部分由外銷轉入內銷補收價款，余漏未由銷貨費用內加入應繳貨物稅，此二項加入以後，盈餘大減，約為銷貨額百分之十二云。

8 月 25 日　星期二

職務

日前為一家客戶作盈餘分析，交卷後 Stretton 又囑作現金分析，將銷貨收入日期、退稅日期等加以列舉，成為一表，以視現金頭寸之積壓情形，此事須與業務處合作，余今日將表式擬就，各欄皆由本處自填，僅申請退稅日期與數量累計將業務處提供云。與高銓君訪花旗銀行，談去年向該行借款美金六萬八千元進口聚苯乙烯第二套機器如何還款，該行本由八月廿二日算起，一年照還，但又曾函本公司由國外付款日期起，則須九月二十二日以後始還，今日往洽妥，即照後者辦理，但無意中發現去年該行曾借給美金立即向中央銀行兌成台幣，然後將台幣以本公司名義結進外匯支付價款，故現在已無外幣來源可以供還該行，經討論後尚無結論，高君將向外匯當局提出討論云。

8 月 26 日　星期三

職務

上週向建設廳申請將聚苯乙烯新設備察看後出具證明，以便向稅捐機關提出解除 57 年未分配盈餘百分之二十五免稅之責任，並證明申請聚苯乙烯新增產量免稅五年，今日建廳鍾君來接洽往看工廠，決定星期六由孔君陪往，但鍾君云該廳主管者只為 25% 部分，至五年免稅則須另向本市建設局接洽，由該局轉洽建廳辦理云。

師友

上午到機場送劉允中氏全家赴美。

8 月 27 日　星期四

職務

繼續準備中華開發公司貸款資料，其中可謂無所不包，余除自行由卷內摘錄或抽印各件外，如總務處之人事與土地房屋資料，採購處之原料進口資料，以及業務處之市場資料等，因涉及較廣，乃不易於短時內彙齊云。

8 月 28 日　星期五

職務

紐約來電索填 Corporate Details Report，此為一不定期之報告，自前年底填送後，現已有二事發生變更，經即加入表內，予以填報，一為增資六百萬元，成為五千六百萬元，二為改選董監事，其中董事有二人更換新人。

8月29日　星期六

職務

Stretton將每月盈餘之時有波動，歸咎於標準成本制度，蓋在生產銷貨不穩定情形下，成本差異因生產波動而增大，但在長期間實無所區別，今日彼又再度提出此一問題，主張下月即改實際成本制度，余告以縱欲改為實際成本制度，亦只能從明年開始，半途改變制度，將發生許多難以預料之問題也。

家事

德芳赴美探視三女，今日回台，因未有電話，故未迎接。

8月30日　星期日

家事

上午同紹因到蔡文彬醫師處看病，紹因感冒數日，今日仍須服藥，然後余到古亭市場買菜。與德芳分配其由美帶回之禮品，擬對公司內人員每人一件。

8月31日　星期一

職務

繼續為中華開發信託公司編送借款資料，其中最繁瑣之一種為未來五年之銷貨與成本及毛利之產品別預測，余最初未料其困難之多至於不能想像，蓋其所定表式須填明內外銷與其相當之成本因素，余只能依周煥廷君所主辦之五年 Objectives 之資料查填，而該資料則又有甚多不能相照應之處，於是採擇時須一面另加修改核算，以求自圓其說也。

家事

在公司以德芳所購物品分贈同仁，計分四類，一為已婚男性，贈絲襪或唇膏，二為已婚女性，贈褲襪，三為未婚女性，亦贈褲襪，四為未婚男性，贈領帶或男襪，至於其中有兼含還禮性質者，則加贈另外一件，多係別針之類，或絲襪、口紅各一件不等。

9月1日　星期二

職務

今日又將有用之時間大部分消耗於與Stretton解說若干無用之事，彼由於連月盈餘奇低，歸咎於標準成本制度之不與實際成本相同，今日將黃君所擬假定將七月份資料用實際成本法計算盈虧如何之結果相示，出入甚微，乃進而欲研究二者究竟如何相差，經一再設例說明，始有相當了解，其實此皆非彼所應知其詳者也。

家事

上午與德芳到航空站取前日所扣之行李，計衣料十餘段，因係海關所辦，故託曾在海關服務之同事於傳顯君同往，結果在一小時內取回，可謂迅速也。

交際

上午到光復廳為韓介伯氏百年大慶拜壽。

9月2日　星期三

職務

全日撰寫五十七年藍色申報複查申請書，包括四大部分，一為耗料超出前年，理由為應就生產紀錄查定，不應以前年為最高限，二為折舊，不應硬性定有殘價，三為利息，不應以未完工程餘額積數武斷為借款而來，四為五年免稅所得額，不應抵除25%未分配盈餘免稅額與外幣債務特別公積。

9月3日　星期四

職務

明年 Profit Plan 須於月中送出，而銷貨數字至今未齊，但 Stretton 則每日數次向本處催辦，今晨一到辦公時間，又向余說明其昨夜所思之編製方法，應一反過去所為，而按產品別一一做出每年數字，余認為此種分析自屬有用，但非 Profit Plan 內之內容，目前不必著急，容俟按彼之要求另外為之編製參考可也。彼不以為然，喋喋不休，余告以此事固屬急迫，然關心而欲早日完成者非彼一人，余與余之同仁亦屬同樣，只須各本過去經驗，以最速最善方法為之即可，彼言語太多，意在協助，實則干擾，望勿如此，言下甚為激動，蓋數日來在彼疲勞轟炸下已忍無可忍也，余又告以彼所設想之方法，並非紐約所要求，彼謂余實誤會，望再看紐約來文，余告以至今未見，彼猶懵然不知，囑余在案上再查，後其本人發覺，原來仍然數日來未曾交出，至此乃將原件交余，余謂最快之方法為先看函內之要求，依要求而開始工作，其他皆為廢話，彼始無言。今日有此經過，乃得一天之清靜，希望不因事過境遷而故態復萌也。趕填開發公司所需要之借款用資料，其中最麻煩之五年未來銷貨與成本預測，因將其他各事完全放下，積壓十餘日來，始得於今日完成。

9月4日　星期五

職務

將所擬之致中華開發信託公司借款資料再加審閱，

其中有四年來各種科目明細表，最為繁瑣，蓋資產負債表並非按總帳科目排列，須將表上與總帳科目及明細科目三者加以對照，始得一致，故另編一項對照表，備送往時不致再來查詢。Stretton 出題以台灣工業公司為例，將售貨與申請退稅經過期間加以對照，以覘究須若干時日始可將退稅款收到，此事說來容易，但因營業部分主管退稅者之登記不全，且前後套搭，月份不能劃分，以致數日來不能完成，直至今日始一面查詢，一面開列，最後又用英文編成一表，顯示貨物稅退稅情形尚好，關稅則自去年初售貨至今尚未退到分文云。

9 月 5 日　星期六

職務

前日始由史載敦交來之紐約有關 Profit Plan 來信，今日大體閱覽一遍，彼以為與往年相同，其實甚多不同之要求，須加以檢討並實行也。與高雄廠會計主任朱慶衍君談公司現況，目前最大問題為公司上下皆無人表現 incentives，昔之有者亦皆變為無有，朱君認為係袁廠長大小事無不過問之所致，余亦對 Stretton 在公司之作風有同感也。

集會

下午參加黨校同學茶會，由王建今同學招待茶點，報告者有王兄及吳望伋兄等。

師友

晚與德芳訪王慕堂兄，面贈由美買來之零星用品。

9月6日　星期日

師友

上午，于政長君來訪，適大雨如注，樓下樓梯間淹水，勉強通過，殆辭出時余乃陪其經過後門到富錦街，幸能立即雇到計程車，免於尷尬也。

9月7日　星期一

職務

準備十餘日之送中華開發信託公司資料，直至今日始獲完成，乃立即送該公司技術處副處長孫衛，此一全部資料之重量達半公斤之鉅，且甚多為過去四年者，亦有為未來四年者，如此苛索不休，亦可謂窮凶極惡矣。編製上月份盈餘預估，本應於今日電達紐約，但因 Stretton 尋根究底，雖未改變分毫，但下班時間已過，無人打字，只好延至明日再發矣。

9月8日　星期二

職務

紐約方面對於前年 Kusako 之查帳報告認為有四事尚未做到，雖一再去函說明，仍屬無效，其實此四事者皆與本處無關，然本處欲作答復，苦無資料，今日乃將紐約來電要求一一列舉，說明係採購總務兩處與高雄工廠之事，建議 Stretton 通知各單位早日提供資料，以便與本處彙復。

9 月 9 日　星期三

職務

紐約來信查詢去年底之決算表與查帳報告所提者有別，要求作解釋調節表，今日開始寫作，編製本月份之現金預測表，已經打好，又發現孔君所提數字有誤，乃重新編製，重新打字，尚不知有無新錯云。

9 月 10 日　星期四

職務

紐約來函，核對帳表，內容瑣碎，復函需時，積壓匝月，今日始予以答復，凡三件，其一為去年底決算表數字與宋會計師查帳報告之數字多有出入，其查帳報告內所述事項，亦有須加補充者，乃加以解釋與補充，其二為去年底決算表所填數字與方式有與紐約方面見解不同者，乃照函告者加以調整，但亦有調整不當者，回信告以不必調整，其三為六月底送計算表函內所開銀行借款數目與資產負債表不符，其實計算表函內所寫者為銀行借款數，資產負債表則須將銀行外之短期負債亦予以列下，二者範圍不同，自然不能一致也。

9 月 11 日　星期五

職務

草擬對紐約解釋財務之事四件信，此為專管投資部門所要求，即所謂 Mobil Investments, S. A., 該單位不能確指所要者為何，只泛述與投資有關者，余為之編製去年內之 Statement of Changes of Earned Surplus，並說明今年雖亦有分配盈餘之決議，然在莫比公司之新投資未先獲准前，不能採取行動，此外即為印製每季之資產負債表與損益表，與去年會計師查帳報告，及去年至今年之股東會與董事會會議紀錄等。

師友

晚與德芳訪周玉津教授，其次女明日赴華盛頓上學，將紹南電話開給，並送鋼筆、原子筆一對。

9月12日　星期六

職務

今日開始準備上月份營業情況之分析，初步為將本月七日所作之預估與今日正式計出之成本與費用加以比較，以明估計之不準確處何在。

集會

參加劉心沃代表治喪會，劉氏係因肝炎逝世。

娛樂

下午與德芳及紹因看中山堂電影「歐陽德智鬥九花娘」，由沈雪珍與王戎及蔣光超合演，打鬥火熾，而情節在在極為緊張。

9月13日　星期日

娛樂

下午看小陸光平劇公演，計有白良關與樊江關二齣，均極為稱職，博得甚多掌聲。

9 月 14 日　星期一

職務

撰寫例行之八月份損益解釋公函，比估計之盈餘低二十餘萬元，至於各產品數量方面，因有間接外銷移內銷之數字，故分類表內之數字益趨複雜，余為控制預算比較無誤計，每月暫將全年累計數加以彙算，以證明 year-to-date 一欄數依上月底加本月底與依自一月起累計數之結果無異，而證明無所錯誤也。

集會

下午出席國大代表提名代表聯誼會，由鄭曼青報告其在美一般情況，並討論如何與各方保持聯絡等案件。

家事

下午到姑丈家約其明晚來寓過中秋節，姑丈已先允其友人王老闆之約，不能前來云。

9 月 15 日　星期二

職務

編製八月份資本支出表，即送紐約。營業稅每月報繳時，其中外銷免稅部分本為憑發票申報即可，其後改為須加憑出口報關證件，現在又改為須再加憑出口後向銀行辦理出口結匯之加印發票，如此則部分出口品無法在報繳前結匯，勢須加繳營業稅，將來再行申退，其申退不及者，即須增加負擔矣，此為獎勵投資條例實行以來財稅機關使之名存實亡之一貫手法也。

9月16日　星期三

職務

今晨與葛副總經理對於草擬明年預算所需銷貨資料作最後之核對，將若干缺少者補齊，始克開始編製，然已逾 Stretton 所假定完成之日期九月十五日矣。由於加工工廠之費用太高，Stretton 認為分擔率有大問題，使成本太高，不能承接訂單，經余將去年編定今年預算時之資料加以核對，其編制已較去年加倍有餘，彼已渾然忘卻，只謂將再與工廠研究。

交際

參加外資公司會計人員聚餐，席間談目前台灣以賤價工資承接外國訂貨，其中尚有甚多中間商從中大賺扣佣，獲知商場中之另一面目。

9月17日　星期四

職務

編製九月份薪俸表，將於星期六發薪，該日為十九日，因發薪日為星期日，故提早一天也。蒐集資料填寫華僑及外國人投資審議會所送表格，該表包羅萬象，要四年資料，限期為十五日，但表到時已十六日，此機關之作風從可知矣。

師友

到台大醫院看朱興良兄病，仍做理療，進步甚微。到師大附中看高銓君之病，謂三天前突患心臟氧氣短絀，住院三天，認為尚無須供人工氧氣，故回寓療養云。

慶弔

到市立殯儀館弔祭同鄉國大代表劉心沃兄。

9月18日　星期五

職務

全日為填表而忙，真有臨表涕泣之感。今日同時進行填寫三套表格，一為交通銀行所要，尚屬較為簡單，二為中央銀行透過商業銀行所要，貌似簡單，而所要數字不能由資產負債表上直接獲得，必須就帳面分析始得，故已較為費時，第三為中華開發信託公司申請周轉金貸款之表，在接洽之初，並無具體說明，且無一定辦法，只謂與往年不同，可以仿用，余知其不負責任，未予理會，延若干日後再要空白，歸後知確為陳舊之件，恐填後難保無事，但亦只好照填，果然填後來清單二件，費時十餘日始行填送，連日又就該清單續有發展，由各科目明細表大做文章，而本公司報表原有送政府送紐約與會計師查帳報告所提供者，皆大同小異，今該公司又依世界銀行要求再作，其損益表完全不同，若干項目由黃君協助準備，有甚至須以比例算出者，於此更有第四套表為經濟部投資審議會之創作，共計四張，二十四史，從頭說起，較詳細處則又分年出之，共為四年，余今日尚只完成其半，其中洋洋大觀，無所不包，更屬集填表之大成者也。

9月19日　星期六

職務

仍為填表而忙碌，因各需表者動輒以電話催辦也。程寶嘉會計師來送對去年所得稅代理申報之對國稅局進一步說明書，希望因而免於查帳，余請其留供一閱。以前年盈餘於去年擴充設備，於今年六月底前完工之 PS 第二套機器，建設廳鍾君往看後今日已發來完工證明，此因平時聯絡得宜，故無往而不利也。

9月20日　星期日

參觀

下午同德芳、紹因到故宮博物院參觀，展出之銅器、瓷器、玉器及書法，與半年前大體相同，不同者為繪畫部分，多有更換，而大廳中之大幅作品，面積超出六張宣紙，真得未曾有也，又三樓所陳設之中國文人生活，以琴棋書畫四者為代表，布置客廳內，以四個枱子代表四事，此想像可謂天真之至，局外人或竟以為果然如此，則發生錯覺矣。

9月21日　星期一

職務

撰寫上月份工作報告，備提明日之會報，因討論問題多無結論，故仍不復提討論事項矣。周君草擬明年 Profit Plan，已先就其梗概加以略算，結果可以純盈約八百萬元，Stretton 認為可以作為目標，乃即照此開始演算，期於週內完成。訪交通銀行吳之枏君等二人，面送其上週到工廠訪問時須送交之資料，包括概況表一張及資產負債表與銷貨量值表等。

集會

下午出席憲政研討會第五委員會改選後之第一次會議，余因平時無暇及此，故年來出席不多，今則偶爾為之耳。

9月22日　星期二

職務

中華開發信託公司貸借周轉金一案，該公司依世界銀行所定格式重編四年來之資產負債表，經辦人孫君將55與56年編好，57與58則無法將本公司所送中英文報表分析後排入，送來由本公司代填，余今日已為之將58年部分填好，該一格式，先列流動資產，後列流動負債，然後得出周轉資金，乃復加入固定資產與其他資產，而得一結數，於是以固定負債與資本相加，以視是否相等，其中困難者為有若干科目全不相同，故須全盤加以核對，始可予以排列，無怪該公司之不能迅速排好也。下午舉行本月份會報，全只提書面報告，未予提案。

9月23日　星期三

職務

將中華開發信託公司貸款資料加以趕辦，今日完成，包括黃君所作前四年重編損益表，余為該公司孫君接填之前四年及今年上半年資產負債表，以及周君所作四種主要產品單位用料與單位成本等，其中余所作之部分經參考本公司中文資產負債表與宋作楠查帳報告之資產負債表以填製世界銀行所要求之格式，雖無十分嚴重之困難，然因次序顛倒，項目分合，在編製中常有顧此失彼之虞，亦殊不能掉以輕心也。

9月24日　星期四

職務

繼續填表，所填為外國人及華僑投資審議委員會所發之表式，今日填其有關外匯收支及完納各種稅捐之四年紀錄，尤其納稅紀錄，未能立即將各數開列，須就以往所填各種表格內分別蒐集，始克修正加減予以列入云。

慶弔

上午到市立殯儀館弔國大代表同仁耿占元氏之喪。

9月25日　星期五

職務

填表工作已大致就緒，今日辦文送僑外資委員會。明年 Profit Plan 內須填今年估計數，而又不能用去年所作之今年 Profit Plan，無已，用今年一至八月再加其半，但與 Stretton 談後，彼認為未來四個月後為樂觀，乃假定為可盈餘 230 萬元，加入八個月已盈 320 萬元，共以 550 萬元計算。

9月26日　星期六

職務

1971年Profit Plan今日上午完成，大部為周煥廷君所編，惟利息數字由孔君提供，所得稅數字由余提供，編好後余將內容交Stretton審閱一過後，於下午打字，即日發出。

交際

晚與德芳赴逄化文兄之宴，係其子昨日在美結婚，今日補行慶祝。

9月27日　星期日

瑣記

今天無所事事，只閱讀書報，亦無甚心得，且為視力所限，亦只適可而止，所幸溽暑已過，東風送爽，尚無汗流浹背之苦耳。

9月28日　星期一

閱讀

新生報刊載「關於吳芳吉之六」為白屋嘉言，乃集吳氏生前憂時之作，今日讀之，尤覺為空谷足音，文分四段，一曰歷憂患，謂不忘小小幸福，不能求最大幸福，二曰處世變，謂有不世之雄者出，則當嫁以求有為，否則當為處士以終身，三曰受磨練，謂須不被苦難沖倒，在人欲橫流中屹立不搖，始得稱有節操，四曰安賢奸，謂使君子小人各得相安，而不相上，有一相上，則禍立起，此最後一點最為前人所未道，余亦未知世有如此深刻之治理也。

9月29日　星期二

職務

前為 Stretton 編製一表，示對台灣工業公司間接外銷發泡聚苯乙烯退稅之時間間隔，其後彼又由業務處取來一表，謂與余者不同，囑加以解釋，乃以註腳方式為之說明，蓋余之資料至八月底，其新表至九月底，余之資料起自去年初，彼則起自更早四個月，而絕無僅有之退稅一筆，係由客戶墊來，並未由海關退到，亦應屬之去年初以前，故余表為之兩缺也，又台灣工業公司將增加信用限額，照例託中華徵信所調查信用，該公司大起反感，Stretton 懼其果然不再購貨，乃囑余通知該所停止，余電知該所，該所說明情形後乃告以不必再事深入也云。

9月30日　星期三

職務

仍為中華開發公司填表而忙碌，以前曾製表表示重要進口原料之名稱與進口情況等，係就其金額較大者列入，現該公司又就本公司各種產品所用原料不問大小，要送補充資料，於是趕編備送。美孚公司照例於月底送貨款，因常常在第二次交換始可軋入，故至次日始能支配用途，今日余為節省利息一千餘元，將於即日開支票歸還高雄交通銀行透支計四百五十萬元，但因支票較遲，至下午一時半尚未開出，而往來之合作金庫來電話，希望能使該行月底存款額較高，可否改為明晨匯出，其時因支票尚未開出，余即順水推舟，允其所請，時已在下午一時半第二次交換截止時間以後，亦可謂惠而不費也。

10月1日 星期四

職務

為中華開發公司續準備四年來資產負債明細表資料，並解釋本公司報表與宋作楠會計師查帳報告之異同。到國稅局送高君以51年本公司資產負債表，及55年十二月股東會紀錄，據稱將作為簽報本公司申請54年申請緩扣股東所得稅複查案之參考事項。在國稅局又取回57年扣繳憑單數張，謂因戶籍有誤，須再核對。Stretton告謂將於明年收回內銷自辦，但仍須保持如美孚公司目前代銷之種種程序，希望在一個月內擬定各項計劃云。

瑣記

昨日歸途將紅桿Parker 61鋼筆放置於敞口之紙袋，今晨發現在袋內失去，為之悵然者久之，此鋼筆為紹南以前由華盛頓寄回者，久久未用，現在只使用半年即失落，殊可惜也。

10月2日 星期五

職務

為中華開發信託公司繼續準備放款調查資料，由高小姐初步抄錄，由余核對定稿，計有自五十五至五十八年之短期負債明細表，59年各科目明細表（六月底），五十八年應收帳款與應收票據明細表，皆以宋作楠查帳後及該公司依世界銀行重排之餘額為準，因分合不同，故又須加具科目餘額之對照表。Stretton表示將於明年自辦銷貨，囑草擬計劃，由營業與會計兩部分分頭進行。紐約方面之Fisher來台，對最近完成之明年Profit

Plan提出問題，一為何以所得稅較高，余告以因聚苯乙烯只有半數生產享五年免稅，又最高稅率已由18%改為25%，雖受獎事業亦以變相方式使18%待遇名存實亡，二為福馬林銷貨收入已否減去折讓，余告以已減，彼認為滿意。

10月3日 星期六

職務

本處黃君到中華開發信託公司面送其所索之資料，歸謂該公司孫君對於本公司各種資料之不劃一，不無微辭，其實此乃該公司不按手續辦事所致，蓋彼用世界銀行格式將本公司資料納入，初未將該格式見告，待不能納入後乃送來由本公司代為填製，其開始時所要者僅指明為本公司歷年報表，又何怪其枘鑿不相容乎！

交際

到交通銀行為該行移址於衡陽街道喜，並參觀新房。

師友

晚，趙榮瑞君來訪，並贈花菇與威斯克酒。

10月4日 星期日

交際

競選國民大會黨部委員之冀象鼎代表中午在會賓樓宴客拉票，計三席，發表簡單演說，極為得體，事先為其活動最力者為裴鳴宇氏，曾一再代為關說。

娛樂

看姜竹華、周慧如演平劇蟾宮折桂，此劇情節並不十分複雜，然費時甚久，場子太多，應有精簡之必要也。

10月5日　星期一

職務

為中華開發信託公司填歷年盈餘分配表，仍以該公司孫君送來之資料為藍本，按其已填之各項數字為基本而加以補充與改正，該表所填乃根據宋查帳事務所之查帳報告，但有時在該報告以後又依據董事會股東會之決議而有所變更，從而造成不同之盈餘滾存數字，則又非彼所知，殆屬無可如何之事，故審核帳目，不能全恃報告，必須有時到帳目所在，求較詳盡之了解，此即該公司作風之所缺乏者。

10月6日　星期二

職務

公司自每年增資後應發之新股票，由於數年來緩扣所得稅股份之被國稅局稽延不予核定而未能印發，其後趙董事長詢問其他公司，認為股票可以照發，只須在緩扣股之股票上表示未稅之原因，將來核定緩扣時，再調回正式加蓋緩扣文字，不能緩扣時即照補所得稅將原註取消，余以為此法亦佳，勝於曠日持久，四年於茲，於是將 55 至 58 年盈餘之股票種類張數加以計算，交總務處洽印。

選舉

國民大會黨部改為專任委員制，不由小組長兼充，今日為選舉之期，余到中山堂投票，選舉山東冀象鼎。

10月7日　星期三

職務

編寫上月份盈餘估計，並將銷貨數字電報紐約，此月份銷貨數字不高，余最初估計之盈餘只十餘萬元，後因福美林成本仍可低列，故又將盈餘加高十餘萬元云。編製上月份資本支出報告表，備與月算表送紐約。

10月8日　星期四

職務

上午同黃永元君到中華開發公司訪技術處、經濟研究處，談借款資料之進一步編製事，該公司為應付世界銀行及財政部，必須將本公司財務資料作適當之編排，以便迅得世界銀行之同意，經決定依該公司所列之Sales數額先行編製成本，分福美林、電木粉、聚苯乙烯及發泡聚苯乙烯四類，但為使全部損益表亦能對照，須同時對四種產品以外之產品亦加以估算云。下午到國稅局第二科，交上週囑查之扣繳憑單地址不明人員之資料，並交五十六年藍色申報送出日期，為彼查核54年股東綜合所得稅緩扣問題之助。

10月9日　星期五

職務

與周、孔二君談明年銷貨收回自營之有關會計與財務問題，先決定各自加以思考，於二十日以前分別開列，並於下旬將方案擬就云。孔君編製本月Cash Forecast於今日完成，但排列方法仍有問題，經加以改正後始行打出，並用專卷予以歸檔。

10月10日　星期六

國慶

因國慶放假在寓，只看電視，即知一切國慶紀念活動，亦因交通管制，故未能出門。

10月11日　星期日

家事

紹彭投考空軍機械學校，接通知錄取於空軍通信電子學校，因顧慮該校是否亦能學得專長，及不知能否申請候補機校缺額，於前日函春間曾在鳳山晤面之任福履同學，今日來信，對二校未作比較，只謂全看興趣，又由紹因向其同學之父曾任機校校長者，亦云電子學校不遜於機校云。

交際

晚，趙榮瑞兄為其女在美結婚而宴客，余與德芳參加，並送喜儀五百元。

10月12日　星期一

師友

訪傅瑞瑗兄，探詢紹彭考取之空軍通信電子學校內容情形以為參考，據云此校不弱於空軍機械學校，退役後出路亦佳，其公子即為此校畢業，頗能習得專長云。

職務

設計退稅情況報告表，初稿本為業務處章君所擬，但不能達到目的，余乃為之由四欄擴充為二十欄，但又恐編製太難，尚須再度與之檢討云。

10月13日　星期二

職務

開始作分析公函，以備將上月份之計算報表送紐約，此次又逢銷貨低潮，純益比預算低78%，此種事最難措詞也。

10月14日　星期三

職務

寫作九月份會計報告之解釋信函，並於今日發出，發出前與在高雄廠之Stretton總經理通電話，彼對內容無何異議。為財政廳核定發泡聚苯乙烯貨物稅太高，前曾申請該廳補救，但接到復文完全推諉，高雄廠乃聯繫另一家保利公司聯名申請，稿到後於今日打繕用印寄回，俟保利會印後由工廠發出。

交際

晚參加外資公司會計人員聚餐，由路易馬克馳與西締電子二家合辦，三和樓辦菜，極豐盛。

10月15日　星期四

職務

花旗銀行借款美金六萬八千元，因手續錯誤而無外匯來源歸還一案，正由中央銀行外匯局圖謀補救中，而該行經辦人每天電話催促，為之不勝其煩，而經辦之高君又拖延成性，不向該行催詢，今日花旗銀行經手人向該行美籍人員報告，於是以電話向本公司 Stretton 質問，Stretton 問余，余囑其問高君，既得其情，又覺困難，至此高君又詢中央銀行，謂已核准結付外匯，至此一天雲霾，始告澄清，此案中顯然去年花旗銀行經辦人、外匯當局經辦人及本公司皆有疏忽，而今年則或大驚小怪，或彌縫塞責，皆不免令人啼笑皆非也。稅捐處來調查外資股東分紅情形與結匯外匯資料。

10月16日　星期五

職務

編製十月份薪俸表，並開出各項支票。寫作十月份會報之工作報告，並提案二件，一為從速結束去年轉至本年之 Capital Expenditure 各 AFE，二為庫存客戶盤多之尿素，如何入帳，作為其他收入，抑作為員工福利之用。

交際

上午到市立殯儀館弔賴興儒同學之喪，黨校同學並有公祭。

10月17日　星期六

職務

調度款項以支付到期料款與機器借款共六百七十餘萬元，其中挹注之方，前數日已借到外銷貸款三百萬元，後又向高雄交行透支三百萬元，今日復因發薪在即，又通知高雄廠續向交行透支一百五十萬元。

交際

下午到殯儀館弔周方同學之喪，參加黨校同學公祭，晚參加孔繁炘長女結婚宴。

10 月 18 日　星期日

家事

晨七時同德芳到車站送紹彭赴虎尾參加空軍通信電子學校入伍訓練，為期三個月，在渠為高中畢業後之新階段，蓋一年來兩次大專聯考落榜，雖明年仍可再考一次，然因其生活方式無法正常，已不宜再行拖延，此時赴空軍專業學校，既獲專長，又能改變生活方式，更同時解決兵役問題，不致三年常備兵役後更加荒廢，馴致前途更趨黯淡也，在動身前切囑其注意功課，不可再蹈過去覆轍，淺嘗而止，交友方面，勿友不如己者，培養榮譽感，在學校中能以良好份子之姿態嶄露頭角，不患前途之不出人頭地也。

10 月 19 日　星期一

職務

舉行業務會報，各部分皆有報告而無提案，余提案二件，一為結束去年之 AFE Carryovers，二為如何處理客戶寄存多出之尿素存量，決定前者以十月底為最後之 1969 AFE 支付期限，後者則各同仁皆傾向於撥充福利金，但 Stretton 堅持由公司以其他收入列帳。美孚公司今日轉址於南京東路，上午前往道賀。本省稅收在曲解法令下又增一惡例，今日稅捐稽徵處營業稅管區人員來洽抄歷年莫比公司增資盈餘資料，據云將依據財政部解釋，將投資視為營業，而股利則為收益，如果國外公司與中國無邦交或有邦交而不能證明是否亦對華僑免徵營業稅者，須補徵數年來之營業稅，比照銀行保險業之營業稅辦理，可謂牽強已極。

10 月 20 日　星期二

職務

Review 周君所作第三季 Quarterly Report，並就其資產負債表與損益表之與去年同期比較損益數字之有十萬美金以上者加以文字說明。Stretton 語余，希望凡有對外事項勿憚繁瑣，隨時向渠說明，再行發出，余知其所指者為昨日會報時提出曾向僑外資委員會提出綜合報告表，余即解釋該表雖多，實際皆為已有之資料，重加分析與排比而已。

10 月 21 日　星期三

職務

上午將中華開發信託公司之 Working Capital Requirements 內 1969 一欄填好送該公司孫君，移時來電話謂現金採購應以確用現金者為限，余所填全年採購額減除年終應付帳款者不合，現金銷貨應以現銷為限，記帳者應分一個月、二個月、三個月，不得籠統，余在電話中告以分析須費時間，且對其所主張之方法亦不無異議，然彼以完全正確之態度出之，余亦只好照辦，但在填寫時仍有困難，經擬定兩個 alternatives，將於明日一併送去。

10月22日　星期四

職務

向中華開發信託公司借 Working Capital Loan 一案，擾攘十餘日，今日已告一段落，下午其主辦財務分析之孫君電話云，已完成各種文件，但余告以 Stretton 再三表示欲先知內容，孫君則謂因須提下週二董事會，此刻印製需時，萬萬不能再於印製前交其先看，余乃向 Stretton 說明，彼允俟其印好再看，又孫君云借約須有兩保證人，假定由趙董事長與 Stretton 擔任，囑余向 Stretton 徵求同意，不料余提出後，彼堅不同意，且謂如提抵押品，彼須問紐約，因紐約不欲如此也。在此前余曾為孫君重編一項 Working Capital Requirements 表，認為表之上端寫出現金需要數，與下端之以流動資產科目餘額互相加計再減流動負債而得 Working Capital 之傳統方法不合，主張現金需要額一欄應表示收支及餘額，不應只表示收支額，而如與資產負債表現金餘額發生差額時，應以期初現金結存為項目名稱而加入，藉使與採傳統方式者所算之 Working Capital Requirement 相同。紐約催辦三年前查帳報告未辦事項三項，Stretton 決定先作部分之答復，其中之一項為 Physical Inventory Procedure 之規範，囑余以三言兩語寫出，余於今日寫好，彼即送紐約，彼亦知此為敷衍塞責之事，為應付形式主義作風下之要求所不可缺也。

師友

訪正中書局王一臨兄，託為李祥麟兄代售其新著。

10 月 23 日　星期五

職務

向中華開發信託公司借周轉資金貸款事，已完備調查手續，但今日仍不絕如縷，補充探詢，余亦向該公司詢問如何與本公司 D/A 採購手續相配合，以及已進口而尚未付款之債務是否亦可請其支付，該項支付為替代政府供給外匯，其手續又將如何等，尚無定論。填送經濟部第三季營運狀況表，因表式本身有矛盾，不能面面顧到，例如其所設收支狀況欄，既有原料進貨支出，又有折舊費用，則計算結果，亦非盈虧，亦非現金結存，為求切實，經將進貨易為原料成本，總支出之實際內容為成本與費用之和云。

10 月 24 日　星期六

職務

開會討論如何建立 Record Retention 之程序，此亦為紐約所要求者，由林天明經理主辦，尚無成議。

10 月 25 日　星期日

瑣記

今日為台灣光復節，放假一天，在寓休息，晚間二樓李君之子女在寓開舞會，來約紹因、紹彭往參加，紹彭已赴虎尾，紹因前往應酬半小時而返，該舞會至半夜始在人聲雜沓中結束，余等不能安睡，聽廣播以遣時間。

10月26日　星期一

師友

下午周煥廷夫婦來訪，談所購民生東路房屋，雖已遷移入內，但原房主因其新店房客不讓，勢須自行租屋遷移，因而遷延時日，何時解決，尚難預料云。

瑣記

今日補放光復節假一天。

10月27日　星期二

職務

詳細閱覽九月份香港美孚公司所作該公司台灣分公司代銷本公司產品之報告，大部分為機器計算之分析資料，乃 Stretton 認為將來本公司收回自辦亦須如法炮製者，余看後認為不必全部模仿，蓋其中有為該公司對台灣分公司控制其經營而作，將來本公司自行經營，即不必如此多所周折也。編製七月份「應收帳款－其他」明細表。

10月28日　星期三

職務

與周、孔二君先對明年起收回銷貨自營之會計事項交換意見，大致輪廓有定後，即行起草 Plan for Accounting Procedures on Taking Over of Sales，詳述在高雄、台北兩處所應辦理之事務，與所應記載之帳簿與所應編製之報表。稅捐處陳君來續行調查 Mobil 在本公司投資之核准文件，據云仍為對投資補徵營業稅問題之研議資料，目前尚無成議云。

10 月 29 日　星期四

職務

總經理史載敦自聘請一新的法律顧問後，平添若干無謂事端將與人謀，其一為發泡聚苯乙烯建廠在二年前，其時不合五年免稅所要求之生產方法，現在雖合，然不能溯及既往，余已數度對其說明，彼不肯聽，堅持與律師研究辦法，其二為五十七年所得稅申請複查案，已申請一月餘尚無消息，彼又認為須請律師研究，余對此表示無可無不可，誠因如經律師研究此一申請為有理由，即可加強進行之力量，如彼以為不必強求，余亦可不必再有過度之熱心矣。

10 月 30 日　星期五

職務

Stretton 對於中華開發公司之周轉金貸款今日審閱其草約之內容，認為凡所規定完全只為該公司著想，且利率不低，緣是甚遲疑其是否照借，於是又開始分析其利率與相關之負擔，並將先向紐約請示，再決定借否。因去年成本計算對於原料分為內銷，內銷有稅而外銷無進口稅，其後又改為完全有稅，另以會計科目沖轉，以致帳上餘額有待清理，而清理資料又甚難立即判定，余今日囑孔君將內容順序列出，作統盤說明。

集會

出席小組會議，各同仁報告宿舍建築及行使兩權案目前演變之情形。

交際

晚，潘永珍君在寓請本公司全體同仁吃飯，為答謝其辭離本公司當時所送眼鏡禮品。

10月31日　星期六

交際

今日為蔣總統八十四生日，到國民大會與實踐堂簽名祝壽。裴鳴宇氏下月八十壽，徵求詩文，余題「泰沂鍾靈齒德竝尊」八字，送國大秘書處彙送。國大代表林有壬慶八十，為題「松茂日恆」寄往。

11月1日　星期日

游覽

下午同德芳到士林園藝所參觀祝壽蘭展，與往年無殊，只盆景與石藝出品更多於往年，而更商業化矣。細審盆景之較特殊者為白色九重葛，未之前見。又赴玫瑰花中心看其新品，亦無特別出色之處，有之即為美國新種子午蓮，花葉均大，且色澤多一種紫色，惜余住樓上，無空地可供栽植欣賞焉。

11月2日　星期一

職務

美孚公司每月貨款本應於卅一日解進，但星期六只解進四百餘萬元，乃依據本公司歸還透支及支付應付款之需要而不能再減之數額，今日又解進一百餘萬元，仍未如數解進，本須依 Stretton 之見解照算利息，但徇該公司要求在本公司尚無利息損失之原則下免計云。

11月3日　星期二

職務

上午開會討論明年收回內銷業務之方案，Stretton 對於業務部分所擬之方案多所檢討，對余所擬之方案則無多意見，但彼堅持其尋找一家電腦公司處理應收帳款與銷貨資料，亦可謂成見太深矣。

參觀

下午參觀故宮博物院，此次展品特色為祝壽作品，王石谷編年展與新成立之冊頁卷子畫展專室，又書法室內之宋代名家作品如蘇黃米蔡、歐陽修、薛紹彭等，皆有前所未見之作品，尤以蘇氏尺牘「季常帖」在書法中可稱神品。

11月4日　星期三

職務

中華開發信託公司已依據其通過議案，打好本公司借據十五份，送來簽蓋，Stretton 對此不肯即辦，即電該公司總經理張心洽要求英文全文，以及押品應如何提供，俾向紐約請示，又該公司限三日內交五萬元為 commitment charge，Stretton 亦不予同意，告張以暫時不交，又恐其在外時間其秘書誤蓋支票圖章，故又特別叮囑不蓋此一支票云。

11月5日　星期四

職務

交印五十七、五十八至五十九年之增資股票，印樣已大體排好，但應印若干份雖曾函印刷所照辦，今日為慎重起見，又按分配股利增資之總表加以核對，發現少數不甚正確，只好將短缺張數再行交其加印，至於原來所寫張數何以有所出入，已不復省憶矣。

師友

晚，同鄉王國璋君來談為李祥麟兄推銷書籍事。

11 月 6 日　星期五

職務

今日為第五工作天，須辦理上月損益預估，電報紐約，因銷貨資料交余甚遲，計算時忙中有錯，幸自複核辦法實施後，已有發現可能，遂於電報發出前予以更正焉。囑黃君赴中華開發信託公司查詢二事，皆為史載敦所欲明瞭者，一為英文借約，二為押品之基本條件，黃君歸謂英文借款合約在打字中，押品係照財產估價再打七折云。

11 月 7 日　星期六

職務

編製本月份 Cash Forecast Statement，由孔君為初稿，余加以複核修正，本月因進口 Styrene monomer 一批，不按記帳關稅處理，須付進口稅一百六十萬元，現金感覺不夠較多，故銀行借款亦將較多，惟因上月還款多於借款，故總欠不致增加。

11 月 8 日　星期日

交際

裴鳴宇氏今日在光復廳慶八十壽，往道賀並贈禮金二百元，賓客極多，極一時之盛。

師友

下午同德芳訪周煥廷君，並贈食品於其幼子。

11月9日　星期一

職務

Stretton忽發奇想，認為銷貨收回自營後，最好一切均依照美孚公司之已有制度，最為優良，至於彼最希望之採用IBM，因美孚允在最初三個月合併處理，故不必即行接洽，幸彼一再催余接洽而始終未往，至此又如釋重負矣。到中國生產力中心洽詢代辦抵押品財產估價情形及一切手續等。

11月10日　星期二

職務

以電話與高雄廠會計主任朱君聯絡，請與甫赴高雄之內銷主任鄭君以及廠內有關人員，對於明年起之新辦法以及如何照Stretton意見儘量使目前美孚之方式減少變更，然後依該項初步意見決定如何，及在台北或高雄會商一切云。

交際

到市立殯儀館弔修城夫人之喪。

11月11日　星期三

職務

撰寫上月份工作報告，備提下星期一之業務會報。發現上星期估計之十月份銷貨成本低列約二十餘萬元，細考其原因係由於產量減少而估計時用上月實際成本，有偏低之缺點，又因上月 Off grade 之聚苯乙烯有十餘噸，完全不負擔固定製造費用，使良品負擔因而加增。

交際

晚，參加臧元駿子之婚禮於中山堂。晚，參加外資事業會計人員聚餐並討論三項問題。

11 月 12 日　星期四

師友

王慕堂夫婦來訪，並贈食品，係因德芳赴美歸來後曾有餽贈，故來答訪，談此間金融界近事，頗多外間所鮮知者。

11 月 13 日　星期五

職務

申請聚苯乙烯工廠第二套機器五年免稅案，今晨突接市政府建設局通知，明晨到廠查勘，余乃請准史載敦總經理前往陪看，以便招待，並先到市府晤主管科長周國雄，謂已安排就緒，明晨在高雄見面。寫作上月損益分析之公函寄紐約，因余須出差，而其中部分資料由高秀月小姐準備者，交到稍遲，余乃交周煥廷君代為加入。

旅行

下午四時乘莒光號火車赴高雄，十時到達，住克林飯店。

11 月 14 日　星期六

職務

上午到貴賓旅社訪市府周國雄科長，未到，乃獨赴高雄廠，見陪看之建廳鍾君已先到，移時周君與其科內之郭君亦到，乃同看 PS 工廠第二套設備，除須補充生產資料外，並無其他問題。與高廠會計室朱主任討論 Stretton 所主張之將美孚公司代銷時期在工廠所辦之事項全盤歸之會計室，余對此尚有感覺不易之處，且與台北重複工作太多，朱君則似乎不感困難，其實此等事並非工廠本身之事也，余所認為應加意者為如何使應收帳款與票據有最迅速而易於控制之處理，尚未獲結論。

交際

中午由高雄廠請市府與省府看 PS 廠之人員便餐，晚飯由余再請在聖百樂吃飯，有三蛇羹，在座客人與余多為初嚐，但不感為異味。

11月15日　星期日

旅行

上午，乘觀光號火車赴嘉義，先用午餐，再乘汽車赴斗南，轉乘計程車赴虎尾空軍訓練中心，探望已受訓一月之紹彭，在中心談一小時，見情況良好，且有興趣，乃回虎尾轉斗南，乘公路車至斗六，本擬搭火車北返，見全日對號票俱已售完，乃改乘客運車至草屯，公路車至台中，而當天對號票同樣無售，幸尚可買站票，乃以站票上八時之觀光號，在餐車內小食後即未再動，於十一時抵台北。

11 月 16 日　星期一

職務

上午到國稅局訪李稽核，答復其所詢有關本公司 54 年未分配盈餘轉增資緩扣案之已經繳納半數申請複查案，據云將予退回，但須先行補具會議記錄與經濟部報備案，後者余力言其毫無關係，彼又不肯打消，故決定將增資登記情形再行查卷提供資料一次。Stretton 談銷貨改制後應用印刷格式應早決定付印，余允其月內辦就。彼又主張 Profit Plan 之產品別明細表，分類更為增加，乃與其當面決定項目，以免以後異言。美孚公司在七月份貨款內扣除以前已付現已成為呆帳之帳款五十餘萬元，余詢彼應否承認，彼含混其詞，余乃主張彼與趙董事長商量決定，彼謂不妨余與趙氏逕談，此人之攬權而不負責，往往如此。

11 月 17 日　星期二

職務

編製本月份薪俸表，本應手寫，因右手拇指為竹竿擊傷，不利書寫，乃用打字，故速度較慢。下午舉行本月份業務會報，余報告各事，皆見書面，而 Stretton 忽憶及久已交辦之按 Order 計算抵銷費用問題至今未有結果，余解釋謂，除加工廠外，皆無 Order 可言，勉強可用者為 Shipment，為求其有用，故在參考專門書籍辦理云。

瑣記

租用羅斯福路舊居之楊正澤君來訪，謂應納租金因遭其堂弟夫婦之喪事與其遺孤之病住醫院而須延至下月始可照繳。

11月18日 星期三

職務

上午開會討論明年銷貨自營之應用表單格式，以工廠所擬者為基本而加以修正，該表單大體仍因襲美孚公司所採用者。到國稅局與李稽核談54年緩扣股東綜合所得稅事，該局會議要求再查本公司股東會是否為印本式，以及使用未分配盈餘擴充設備是否向經濟部報備，前者余將會議紀錄原本交其查閱，後者則將該文影本及變更登記後執照影本交其查核，李君認為滿意云。

11月19日 星期四

職務

上午與Stretton討論本公司明年Profit Plan之因事實變更而須加以修正之事項，包括福美林之售價降低，開南委託加工之改為購買膠水，致福美林銷價銷量均減，而膠水銷量則增，又苯乙烯單體之進口價降低，佣金支付因停止以美孚為總代銷而減低等。下午到美孚公司探詢其現行之代銷所用種種表單格式，以作為本公司接辦自銷之重要參考。

11月20日 星期五

職務

與Stretton繼續討論依照紐約Fisher來此之要求，

草擬一項依現有設備十足開工之 Profit Plan，其中各工廠均有具體之能量，只有加工品工廠無法計算，彼乃依設備情形作為有二成之 Capital return，此亦自圓其說之辦法而已。

11 月 21 日　星期六

職務

去年藍色申報委託程寶嘉會計師代理，現在開始查帳，余囑孔君往洽，審核員羅某表示須將全部帳冊傳票送往，但彼又不負責保管，可謂窮凶極惡，幸程君發覺其事，乃與洽定暫時不查，稍待再洽如何進行云。

交際

上午往弔祭林炳康兄夫人之喪於市立殯儀館。

11 月 22 日　星期日

家事

上午到姑丈家談李德民兄所詢在花園新城參加建屋事，姑丈之意，因表妹姜慧光在紐約購屋，接其往住，因護照限期關係，似乎將前往一行，然又遲遲不能決定，故對李君所提之事亦不能立即答復云。

11 月 23 日　星期一

職務

同 Stretton 到 IBM 台灣分公司談自四月一日起委託辦理處理銷貨資料之初步交換意見，由該公司孫、曹兩經理與吳大中君會談，移時 Stretton 返，余與吳君再進一步就目前美孚公司在香港所作之月報表加以檢討，以明該項作業之需要情況，而便其向本公司開索價格云。

11月24日　星期二

職務

明年自辦推銷後，有兩種聯單須交NCR印製，其紙張為自動複寫，不加炭紙，因印製需時，故必早為之計，除其中發貨單一紙由高雄廠修正設計外，另一種為客戶對帳清單，余本已擬就，但格式未擬為定式，故今日再畫一聯七張之格式，備交NCR印製云。與印製股票之印刷局校好最後大樣，交其立即印製，各年皆分免稅股與緩扣股兩種，將依實際需要發給。

11月25日　星期三

職務

將一套複寫格式兼作應收帳款、應收票據明細帳與客戶對帳單之七聯單作最後審定，複寫成全套底稿備印。去年所得稅開始查帳，由孔君帶往國稅局辦理，甚為瑣碎。

參觀

上午參加國大憲政會財經組參觀青潭郵管區之電腦作業，先之以口頭簡報，繼之以幻燈簡報，最後看實務作業，並有印刷資料，甚有次序，可獲較有系統之概念，此為360-20型，打卡工作已有不勝負荷之苦。

娛樂

晚與德芳應趙筱韻小姐之約看其姊公演雙官誥，搭配甚為整齊。

11 月 26 日　星期四

職務

因年終即屆，查核懸列帳項，有去年結轉者，應早作結束，又查應付票據帳，發現有去年未沖銷之餘額，但尚未明何以一年來未見沖銷，已囑高君查明中。

集會

中午在李園飯店參加陽明山小組會，由召集人陳建中約宴，並改選沈君繼任召集人。

11 月 27 日　星期五

職務

上午 Stretton 疲勞轟炸二小時，所談多為如何建立退稅分戶紀錄，與現在香港美孚公司對代銷本公司貨品所作之電腦報表等事，或非一蹴可幾，或為遙遠之事，然彼不憚其煩，已再四言之矣。下午到美孚公司與其財務人員談如何在年底雙方部分終止代銷合約時處理應收帳款，該公司意為由本公司接續收取，但技術問題不甚簡單，因該公司向本公司解交貨款，不以實收為準，故如將客戶所交遠期支票照轉本公司，其實收情形與該公司應解數必有差額，將不能免於核對調整之煩也，余歸告 Stretton，彼則認為不妨接辦，惟本公司應扣減應付該公司之佣金半數云。

交際

晚，與孔君在福祥餐廳請國稅局今年查核本公司藍色申報之羅君便飯。

11月28日　星期六

職務

宋作楠會計師事務所林君來電話託為其明日赴高雄本公司查核存貨人員二人買車票，並配合工作。

師友

王國璋君來談為李祥麟兄在三民書局賣書事，決定照定價二十元七折實收（但如對方只出六折亦可），至於李兄由新加坡寄書來時決請王君代收，因其住址較近市區也。

娛樂

晚與德芳到東南亞看電影，華納出品花蕊戀春風（Lovers Must Learn），蘇珊妮普雪特、脫埃唐納荷與安姬狄金蓀合演，為一最深刻之文藝愛情片，故事曲折，對話雋永，有引人入勝之妙。

11月29日　星期日

瑣記

聯合二村建設委員會及促進小組，答復本富錦街359巷二弄住戶之請求同時修築後巷路面，並加高二弄人行道，謂前者歸入計劃中舉辦，後者則因限於預算，尚無辦法，隔壁董君希望反應該會與小組仍然對後者加以注意，余即以電話洽商參加小組之張曉古兄，謂弄堂人行道有同樣問題者尚多，此次不及解決，須待諸以後矣，當由德芳通知董君，緣該巷弄旁人行道為包商之責任，包商已做，但欠理想，恐非另行出錢，無有財源也云。

11 月 30 日　星期一

職務

藍色申報之審核員羅君極為瑣碎，要求折舊必留殘價，利息按未完工程積數剔除，薪俸必有領款人蓋章，種種且須由納稅人為之重算，余告以孔君轉知，折舊必留殘價，非法所規定，利息必加之未完工程，與利用未分配盈餘擴充設備之認定，自相矛盾，而薪俸乃銀行以轉帳方式代發，只能向銀行對帳云。

集會

上午參加小組會議，關係人員報告爭取待遇劃一與住宅等問題之現在進行情況。

12月1日　星期二

職務

與業務處章君討論退稅狀況，每月用IBM處理予以表示之應如何提供資料問題，決定通知經辦此事之工廠人員有便北來一同討論。

12月2日　星期三

職務

上午與Stretton談改編明年Profit Plan事，緣紐約認為自上次編好後已有數項變遷，（1）Styrene monomer進口價降低，（2）銷貨收回自辦，支付美孚佣金減少，（3）福美林因競爭關係，售價再度以折讓方式降低。

參觀

下午參觀中央圖書館歷代圖書展覽，有數種代表性之版本，又有以前之彩色美術書籍，極盡絢爛之能事，乃平時所不易得見者。又參觀美亞西書展覽，多為美國原版，亦有本地翻版，原版書極為美好，惜定價太貴也。

12月3日　星期四

職務

五十七年建立發泡聚苯乙烯工程應付給挪威Plastic Export Co.之Knowhow費美金29,000元，原係由花旗銀行借款支付，尚未還清，又付年費每年6,000元，因申請外匯延誤，至今尚未開始，今日接中央銀行通知，二款之外匯皆已核准，乃悉數以台幣結匯歸還焉。

12 月 4 日　星期五

職務

Stretton 再提出年底與美孚公司結束部分代銷之應收帳款問題，余告以葛副總經理認為應由該公司收取到底，但 Stretton 不予贊成，因銷貨員已由本公司節制也，嗣討論佣金問題，彼認為現在係於收到貨款同時結算佣金，將來可以自動不予結付，余認為應先洽明，蓋本公司固可以表示不付，該公司則勢必要求全付，如不事先講定，必將有所爭論也。

參觀

下午參觀美國機器展覽會，凡數十攤位，各類工業皆有出品，其最引人注意者為電子與複印等機器。

12 月 5 日　星期六

職務

與工廠會計主任朱慶衍討論自辦銷貨所用之格式，並略加修正，惟朱君對所事似仍不夠精細，又談退稅間接外銷之帳務，渠亦只認為須有詳細記載，然無建設性之具體意見。與 Stretton 進一步談年底後美孚代銷懸欠應收帳款之處理，渠認為應將佣金扣下半數，然後收回自己催收，但又顧慮與美孚太傷感情，緣是又無結論。

師友

訪張中寧兄託代紹彭函託空軍訓練當局對其受訓後分發科系以無線電機械與無線電通信為先選志願。

交際

晚，參加同事胡星喬小姐之結婚禮。

12 月 6 日　星期日

瑣記

移居新社區以來，至月底即為一年，此期間各項建設進展甚遲，故進出道路遇雨仍然困難萬分，所改善者只有門前快車道已鋪柏油，而人行道則為包商所作，完全不能排水，屋左之預定道路則至今仍為臭水池塘，近始有拆屋開路之模樣，政府做事之延遲，此不過其一端耳。

12 月 7 日　星期一

職務

上午與 Stretton 到李潮年律師處談 Expandable Polystyrene 之五年免稅案，此為一絕不可能之事，但因渠堅欲一試，乃由孔、黃二君將申請資料備妥，今日李律師將申請文件閱後，果然不出所料，認為不必多此一舉，最多只能辦一普通公文，請政府作特別考慮，此則渺茫之至矣，又談去年所得稅申請複查事，亦無特殊見解，復談莫比公司今春增資申請事，李由原代理律師端木愷處接收資料不全，一直不能動手，今日洽談始知問題所在，乃急將有關文件印製副本送往云。辦理上月份之預估，因成本太高，停工損失又重，故只盈餘二十餘萬。

交際

晚與孔、周二君請宋作楠事務所查帳人員吃飯。

12月8日　星期二

職務

孔君編本月 Cash Forecast Statement，本月份重大支出不多，大體上可以收支兩抵。

旅行

下午四時乘莒光號火車赴台中，同行者高雄廠朱慶衍君，住柏林賓館。

12月9日　星期三

職務

上午同朱慶衍君到中興新村，將到財政廳稅務處洽詢有關貨物稅事項，並對於上次請求事項對完稅價格有所改善，表示感謝，首先訪同學丘東旭兄於其寓所，乃介紹往晤稅捐處之主管貨物稅王熊飛股長，談 Expandable Off-grade 產品之減稅出廠事，余因「聚苯乙烯」大項目下有「廢品」一目，似乎應包括各種聚苯乙烯，詢之王君，彼認為應看其申請核定此一稅級之內容為何種產品而定，此為其一種保留立場，實際既未指係通用級，則各種聚苯乙烯均應在內也，因而未再深談，繼約其晚飯，因丘兄代約，故強而後可，丘兄繼又電話約該組在霧峰開會之田組長與該處核稿秘書侯君，均已談妥，余等即辭去，歸台中在沁園春定座，及晚間前往，沁園春云丘君電話謂客人均不能來，約會只好取消，余與朱君晚飯於沁春園。

12月10日　星期四

旅行

上午七時五十分乘觀光號火車北返，十時4 5分到台北。

職務

Stretton因余預定之今晨上班不來，查詢余已否回北，甚為焦急，余下午到辦公室，渠急約談三事，須立即進行，一為董事會紀錄，不採開會方式而立即產生，二為考慮明年起原料價格改用First In First Out，三為每月運費改按應付應付基礎記帳，余允考慮，並洽商業務處與高雄廠如何在月底提供。

12月11日　星期五

職務

因Stretton忽以為本欲近日舉行之董事會可採用通信方式為之，乃急急寫作紀錄草案，致各董事函，並分別譯為英文。美孚公司香港方面財務負責人葉君來台，今晨曾與Stretton談年終代銷本公司應收帳款之移轉問題，下午由其台灣分公司財務經理白君來電話，堅邀余再往一談，余因事忙推辭，但未獲允，乃往聽其說明擬議之辦法，即至年底將其所收之客戶支票全部交本公司，惟因該公司只欠本公司三個月貨款，由於放帳平均約有115天，故支票必有溢額，葉君主張由115天減去90天後折半計算，亦即十二、三天內予以付清，且不算利息，余因其一再提到利息，表示此中無利息關係可言，彼初不解余意，後始明瞭，全因言語未能溝通之故。

12月12日　星期六

職務

提早到辦公室處理有時間性之二事，一為寫作十一月份會計報表之致紐約例函，二為寫作後日提出會報之十一月份工作報告，後者已完成，前者則只成其半，尚有一半預料至星期一不致再有侷促之感，而如期打字發出亦不致有何困難云。

家事

紹中之翁童世芬今日生日，昨晚買銀耳半斤、紅棗一斤，今晨由德芳送往為賀，此事互相往還已有數度，今日德芳與童太太約定此為最後一次，將來非整壽兩免云。

12月13日　星期日

瑣記

所居之富錦街二弄現正在延長工程中，將來可能通至迤東之撫遠街附近，又東窗外之南北路亦在擴充開始之中，路線中之原有簡單式房亦在逐漸拆除中。上午同德芳到地下市場買菜並購物，此一市場原甚蕭條，現在亦在逐漸發展中，是此一社區亦有欣欣向榮之象云。

12月14日　星期一

職務

寫作十一月份送遞會計報表之分析公函致紐約，並編製同月份資本支出月報表。余今日上午極為忙迫，而美孚公司香港派來之葉君必欲來公司談年底移轉應收帳款事，至則以最快捷方式決定年底將全部應收票據轉來，帳款亦然，其有超出三個月之金額者，即為代收美孚公司之款，應於平均最後日之半數日期付清之，至於代收帳款，不計利息，不扣佣金。下午開業務會報，余於報告事項以外，並提二討論案，一為歸收懸欠款項與旅費預支等，二為轉銷廢料十餘萬元，後者涉及損失，果然不出所料，Stretton又不予解決，拖至年終結帳，知盈虧情形後再議。今年藍色申報之主核人羅君節外生枝，今日程寶嘉會計師意欲將彼所提者由本公司為之接受，包括重算折舊，保留殘價，剔除薪俸，剔除國外佣金，余告以斷乎不可，因折舊並非不許不留殘價，本公司發薪乃透過銀行辦理，雖無收條，但銀行有帳可查，必要時可出證明，至佣金依規定應憑銀行結匯單為準，無必須提供收據必要，彼之要求並不合法云。

12月15日　星期二

職務

連日Stretton再三認為明年起應改原料定價方式為先進先出法，彼謂現行之移動平均法使看跌中之原料不能降低成本，其高價影響將遺留於明年之損失，彼獨不思其以前在平均法下極力主張使當月份影響不致太大，而將一部分影響順延至以後月份，今日忽有今是昨非之感，豈得謂平？又彼認為上月份將進口高價原料一部分按本地原料作價為偽帳，彼又不謂此為和緩料價波動之方法，此法之原則為彼以前所贊成者，余告以理想之會計方法為不隨人意俯仰，寧肯忽盈忽虧而須堅持事先決定之方法，今若改用 FIFO，希望將來不再因其有波動而再改，此種缺乏一貫性為會計之大忌也。上午到美孚公司與 IBM 之吳君及香港 Mobil Oil 之葉君討論將來應用 IBM 產生何種報表，尚未有完全之結論。

12 月 16 日　星期三

職務

Stretton 為求適應降低中之原料單價，對於施行先進先出法特別感覺興趣，今日又囑計算問題最多之甲醇成本，因甲醇進口與本地攙用，前者貴而後者賤，過去用平均法，致在跌價中必須用過去之高價原料，彼乃思在十二月份不計如何影響損益（因本月份損失因素太大，斷無結盈可能，乃有一不做二不休之想法），將高價原料用去，庶新年後負擔可輕，盈餘可大，於是囑孔君為之計算，初稿成後，余再三加以推敲，一再修正，算出理想單價，蓋目前存有二種來源之原料，過去因進口者太高，故每月計入一小部分，以求平均，今彼欲改用先進先出後，則年底勢須將既存者合而為一，求一統一單價，於是當月用去後之結存，再於次月用去，以後即不再有舊料，成本可低，惟其中有一成分不能確定，即進口部分係含稅單價，將來由顧客提供資料退稅，此種情形每月約有八十噸，現存進口甲醇尚有八百餘噸應作退稅處理，故約須十個月始可退清，此一處理與按月計算成本係屬兩事，自須各別處理，較之混為一談者清楚多矣。

12月17日　星期四

職務

如約到IBM與吳大中君談為本公司處理資料事，渠已將現在香港美孚所編之本公司營業報表內容加以解說，希望余能在日內將其中事項與本公司將來需要有何異同加以詳細考慮，以備其依據需要作估價之依據云。編製本月份發薪表，因須提早一天，而銀行又催促甚緊，故希望明晨能將資料送入云。

12月18日　星期五

職務

Stretton又談如何對於原料改用First In First Out方法，並特別對於外銷三夾板工廠提供本公司甲醇退稅資料事，希望有較精確之計算，彼謂已由業務部分提起注意，望一同計算，希望列入Profit Plan，但經孔君初步與章錫培君洽詢，依然不得要領。審閱應收款與預付旅費帳，對於若干久欠不還不報帳之懸欠款項，決定分別通知，望於二十五日前有所反應云。

12月19日　星期六

職務

上午，因涉及五年前緩扣股東所得稅案須明瞭當時經過，經查核各帳，皆無付出該稅之欠額，最後始悉係由55年支付現金股利扣除繳納，在當時本已細心研討，記憶十分明晰，不料遷延已久，竟淡忘至於全無蹤影，可慨也夫。此案本已由國稅局稽核表示複查已畢，退稅可無問題，今日接到通知，所退之稅只有半數左右，必係依該局之算法須在股東會決議之後與申請登記增資之前，剪頭去尾，有此結果，如同意辦理，則緩扣股東股票應加註不許轉讓字樣者，又須變更重算，勢必繁瑣達於極點。

12 月 20 日　星期日

師友

張中寧兄長子緒心返國，定昨日下午十時半中華航空公司班機到台，至時因飛機誤點，至十一時後亦無確實消息，故未如約到機場歡迎，今晨與德芳到張兄家拜訪，始知又改為明日下午到達，昨晚到機場者皆落空云。

娛樂

上午同德芳到東南亞看電影「家在山那邊」，Home from the Hill，主角 Robert Mitchum 與 Eleanor Parker，為三十年前舊片，演員甚整齊，而森林景色尤突出。

12 月 21 日　星期一

職務

上午同 Stretton 到人壽大樓訪李潮年律師，第一為其代莫比公司申請在本公司轉增資案擬有申請文一件，余閱後認為甚妥，但所提轉增資須先扣繳所得稅一節與事實不符，因本公司股東會已決議申請緩扣所得稅，自無扣繳之必要云，經其加以改正，第二為 Stretton 一再不能忘懷之發泡聚苯乙烯五年免稅申請，李君以為不能申請，故囑將聚苯乙烯之過去五年免稅文件印成影本送閱，不料送後彼又須參看其所認為不能提出而已退回本公司之文件，於是又再度送往，供其研究，此種顛三倒四之出爾反爾，除浪費時間外，實無其他作用也。業已印就之四年股票正備印發，忽發現反面未印轉讓過戶之預留空白欄，故又須加印，而此種股票印發本係總務處之事，現亦歸會計處辦理，只得交回再行加印矣。

師友

張中寧兄長子緒心回台事，本由其昨日交閱之電報知改為今日下午，迨電話詢問航空公司，又無其人，德芳且已按時到飛機場等候，余因事忙未及先往，但由航空公司之表示中，知其不在其電報內所述之飛機，比再電詢張兄，只謂將另行奉告，但由德芳在機場所知消息，彼實已於昨日來台，獨不知張兄何以如此諱莫如深，咸為不解。

12月22日　星期二

集會

今日為光復大陸委員會與國民大會代表年會報到之日，當往辦理一切手續，晚飯由革命實踐研究院招待並觀劇，李桐春斬顏良，余嘯雲、古愛蓮玉堂春，皆極精彩。

職務

關於明年 Profit Plan 本已擬有總額者送紐約，現在細數者本已擬好，因 Stretton 主張根據最近銷貨情形與原料市價情形之發展加以修訂，幾乎等於重作，本擬年底前完成，現已不可能矣。

體質

到聯合門診看左手息肉與前列腺腫大，取來內外用藥各一種。

12 月 23 日　星期三

旅行

上午乘遠東航空公司飛機赴高雄，一小時到達，高雄廠派車由王之犖君來接，此小港機場外之大路已修竣，寬敞迅速，至市內只十餘分鐘即達。

職務

上午，與高雄廠朱慶衍主任及即將移來之陳武輝君晤談明年起之作業程序，下午又與業務人員舉行聯席會議，討論各種有關銷貨與應收帳款、應收票據之問題。

12 月 24 日　星期四

旅行

上午七時十五分乘光華號火車回台北，十二時五分按時到達。

集會

光復大陸設計研究委員會全體會議昨日開始舉行，余於今日下午始獲回北參加，此為最後一日，晚飯參加聚餐。

12 月 25 日　星期五

集會

上午到中山堂參加國民大會代表年會，行憲紀念會及憲政研討會之開幕典禮，由蔣總統主持並致詞，現在總統年高，故詞句較短，但已有氣力漸衰之象，旋舉行預備會，由行政院院長嚴家淦報告並討論會議進行事項。下午續開，討論提案，案情多極重要，惜迨送至政府，多半須置之高閣，奈何。

12 月 26 日　星期六

職務

前向市政府建設局申請發給聚苯乙烯五年擴建完稅證明一案，因該局誤發利用當年度盈餘免稅 25% 之證明，經申復後今日已有反應，主辦之郭君電話通知仍有應補正之事項，余乃前往，見所要者一為生產量增加比較表，本公司已送者所提數字係過去每月數，彼則要過去每季數，囑合併計算，二為所送各種設備詳表所用標題有五十七年盈餘字樣，易於與 25% 免稅案相混淆，故須將該字刪去，於是又須整個重打，其實此皆無關宏旨，然為免於其留難不出證明，亦只有奉命唯謹也。

集會

下午參加憲政研討委員會全體會議，今日為第一天。

體質

兩三天來左眼下視時有黑影如蠅大，下午到聯合門診由卞競業醫師診察，認為未發現黑點，遠視視力未模糊，並無大礙，只配藥水點眼。

12月27日　星期日

集會

上午參加憲政研討委員會年會，今日為第二天，亦為本年各種全體會之最後一天，下午余因事未出席。

交際

晚，到中泰賓館為程寶嘉兄次公子結婚道喜，未參預喜筵。晚與德芳到板橋童世芬家便飯，到者皆童家姻親，如戴君、吳君等。

12月28日　星期一

職務

Stretton 對於外銷貸款未能發揮至最高限度認為有改進必要，其意以為必須按月就外銷金額按其貸款最長期六個月先行貸款，如此可以少借台幣透支，節省利息，余告以非不願如此辦理，只因業務處不能預知出口情形，故不敢應允屆期有外匯可供償還，彼乃認為業務部分應以業務計劃外銷金額為根據略加折減，作為申貸之根據，余乃通知業務處主管洪君，請其考慮，彼已初步認為困難，因外銷仍不正常，六個月前之情形不能準確預料云。

進修

下午參加中華企業發展中心所辦財務管理研究班，今日為第一天，由陳宏博氏講授財務調度之一般依據，甚精簡。

12 月 29 日　星期二

職務

Stretton 對於 Profit Plan 之詳細表類未能於年終告成，深為失望，余告以原定年底完成，但因銷貨與原料資料改動太多，不能適時完成，故今後最好在編製之前先將各部門完卷時間定好，並不許不斷的修改，庶可不致誤期，彼則認為最重要者為規定修改程序，凡有改正，立即按圖索驥，予以局部改正，庶免全盤牽動，其實彼乃不知若干實務問題並不如此簡單也。

進修

下午參加中華企業管理中心第二天講習，由蔡孔安氏講證券投資與證券交易，彼對於實務較有經驗。

師友

晚，同德芳訪張中寧兄，僅晤其夫人，面贈張緒心襯衣二件，其夫人拖鞋二雙，其兩孫各毛衣二件。

12 月 30 日　星期三

職務

上午到國稅局洽詢本公司五十四年盈餘於 55 年增資申請緩扣股東所得稅一案，該局核定緩扣只有大約申請之半數，其算法為若何，經辦人高君云其文卷一時難以調出，故只能憑記憶轉達，所未核定緩扣之部分，一為土地不能作為設備，二為所還長期債務只能以在三月三十日股東常會之後與次年三月三十一日之藍色申報之前，此項通知後一個月如本公司未有訴願，即行製發退稅通知，否則仍然等候本案解決後始能核議次年之緩扣案云。

進修

下午到中華企業發展中心參加財務講習，由張錦源氏講目前金融機關貸款各種經緯，甚多不曾聞見之資料。

12月31日　星期四

職務

因五月間股東會議決發放現金股利至遲應於十二月三十一日辦理，故今日即行趕辦此事，其中僅須發出小戶，至於兩大戶之莫比公司與趙廷箴雙方則均不肯由公司借現金支付，待至三月再行辦理，今日所發只四戶，另將全體之扣繳所得稅亦為之扣繳，將於十天內繳庫。

進修

參加財務講習第四天，由張錦源氏講貸款一小時，另由三講師與盛禮約兄四人聯合主持討論會兩小時，內容均極為實際，此一講習會有相當成功。

附錄

收支表

月日	摘要	收入	支出
1/1	上月結存	86,1,69	
1/1	移居車費、家人車費		65
1/3	醬油、蛋等		50
1/3	上月火食車費		220
1/3	紙簍三個		45
1/3	補寄什用		30
1/5	牛肉、刊物、鞋油、牙刷、車錢		120
1/6	修眼鏡、鞋跟、水果		80
1/7	洗衣、理髮、書刊		80
1/7	移電話		1,500
1/8	酒、酒精		40
1/10	車錢		15
1/11	牛肉、木瓜、車錢		125
1/12	藥品、水果		45
1/14	年終獎金	20,000	
1/14	字紙簍		30
1/14	家用		3,500
1/14	書庫		4,590
1/14	咖啡二磅、車錢		130
1/16	聯合報小廣告、水果		130
1/20	本月薪	9,700	
1/20	家用		15,000
1/23	大衣箱與 007 箱各一、水果		780
1/24	續定純文學一年		75
1/25	紹彭用、車錢		50
1/27	食品、水果、酒		150
1/30	二月份研究費	2,880	
1/30	二月份公費	2,880	
1/30	調整待遇準備	270	
1/30	二月份房租津貼	480	
1/30	1-6 月份集會費	3,060	
1/30	家用		9,000
1/30	公保		78
1/30	黨費		10
1/30	修屋貸款 71 期		328
1/30	空投箱		100

月日	摘要	收入	支出
1/30	福利互助金		32
1/30	同仁捐		120
1/30	濟廣捐		100
1/30	車票二個月		112
	合計	125,439	36,730
	本月結存		88,709

月日	摘要	收入	支出
2/1	前月結存	88,709	
2/1	印花、水果		35
2/3	水果、書刊		40
2/4	牛肉、水果、合送林天明花籃		180
2/4	上月中飯、車錢		220
2/5	車錢		60
2/8	車錢		50
2/11	紹彭車票		75
2/12	點心、水果		35
2/14	修鐘、水果		40
2/15	高雄往返機票		800
2/15	車錢、食品、理髮、賭費、午飯		185
2/17	公請汪菊箴、公送葛維培水果		155
2/20	本月待遇	12,000	
2/20	補上月	1,500	
2/20	考績獎金	10,500	
2/20	家用		6,500
2/20	所得稅扣繳、退職金扣除		1,800
2/22	韓華珽女壓歲錢		100
2/22	車錢、水果		20
2/26	李鴻漢母喪儀		100
2/27	水果		20
2/28	電池		10
2/28	奶粉、食品		85
2/28	三月份研究費	2,880	
2/28	三月份公費	2,880	
2/28	調整待遇準備	270	
2/28	三月份房貼	480	
2/28	公保		78
2/28	黨費		10

月日	摘要	收入	支出
2/28	修屋貸款 72 期		328
2/28	福利互助金		32
2/28	同仁捐		212
2/28	家用		21,900
	合計	119,219	33,070
	本月結存		86,149

月日	摘要	收入	支出
3/1	上月結存	86,149	
3/1	黨校同學聚餐		150
3/1	理髮、食品、車錢		65
3/6	食品、水果		35
3/6	上月中飯、車錢		220
3/8	月票、車錢、水果		90
3/12	水果		20
3/17	車錢、水果		20
3/18	理髮		20
3/19	餅乾、木瓜		20
3/20	本月待遇	11,000	
3/20	家用		5,200
3/20	公請廖有章		105
3/22	看戲		40
3/25	水果、食品、車錢		30
3/28	林作梅子婚禮		100
3/28	車票、水果、茶葉		110
3/30	買菜、書刊、修鞋		90
3/31	本月研究費	2,880	
3/31	本月公費	2,880	
3/31	調整待遇準備	270	
3/31	本月房貼	480	
3/31	子女教育費	1,400	
3/31	公保、黨費、互助金		120
3/31	同仁捐		120
3/31	修屋貸款 73 期		330
3/31	藥品		190
3/31	餅乾		40
3/31	家用		10,700
	合計	105,059	17,815
	本月結存		87,244

月日	摘要	收入	支出
4/1	上月結存	87,244	
4/1	水果		10
4/2	書刊		10
4/3	生日蛋糕、理髮		120
4/4	上月火食、車費		210
4/4	食品、水果、書刊		30
4/7	書刊、鞋油		15
4/9	水果		30
4/10	醬菜		30
4/12	看戲、食品		60
4/16	水果		40
4/18	奶粉		80
4/18	理髮		20
4/20	本月待遇	11,000	
4/20	茶葉半斤		40
4/20	家用		6,200
4/21	水果		30
4/24	水果、餅乾		30
4/26	咖啡九磅半、糖果		675
4/30	本月研究費	2,880	
4/30	本月公費	2,880	
4/30	調整待遇準備	270	
4/30	本月房貼	480	
4/30	家用		10,200
4/30	公保、黨費、互助金		120
4/30	同仁捐		190
4/30	修屋貸款 74 期		330
	合計	104,754	18,470
	本月結存		86,284

月日	摘要	收入	支出
5/1	上月結存	86,284	
5/1	公請陳錦源、青年會費		270
5/1	水果		20
5/3	紹彭用、車費		30
5/3	宴客		1,360
5/3	觀劇、食品、殺蟲水、裡革布		120
5/3	上月火食、車費、書刊		240
5/3	理髮		20
5/5	書刊		15

月日	摘要	收入	支出
5/6	書刊、餅乾		45
5/7	印花（24）、水果		30
5/9	公請林天明		190
5/10	晚餐、書刊、車錢		60
5/12	酒		45
5/14	水果		25
5/15	餅乾		25
5/17	水果		10
5/19	水果		10
5/20	本月待遇	11,000	
5/20	家用		3,500
5/20	領帶、理髮、水果		100
5/23	水果、車錢		30
5/24	觀劇、車錢		30
5/24	內衣、白布、食品、月票		125
5/26	汗衫、白布		90
5/28	建業中學車馬費	75	
5/28	水果		10
5/28	餅乾三種		40
5/30	本月研究費	2,880	
5/30	本月公費	2,880	
5/30	調整待遇準備	270	
5/30	本月房貼	480	
5/30	家用 （含送朱興良兄 2,000）		10,500
5/30	公保、黨費、互助金		140
5/30	同仁捐		120
5/30	修屋貸款 75 期		330
5/30	教育獎學金上期捐		20
5/30	梯子		110
5/30	車錢、領物差額、水果、 電池		55
5/31	早點、車錢、書刊		20
	合計	103,869	17,785
	本月結存		86,084

月日	摘要	收入	支出
6/1	上月結存	86,084	
6/1	椅墊、牙膏、修鞋、書刊		260
6/3	水果		25
6/4	綉球花、水果、理髮		85
6/6	福利金	250	
6/6	上月火食、車錢		250
6/6	端節賞工友		100
6/6	食品、車錢		40
6/7	魚、酒、紅豆、綠豆等		225
6/9	水果		15
6/12	兩天車錢		30
6/14	旅行費	100	
6/14	布、食品、水果		85
6/15	月票		60
6/17	定內衣		50
6/17	印花、水果		25
6/18	餅乾		30
6/19	本月待遇	11,000	
6/19	趙廷箴 50 壽份金		400
6/19	家用		4,500
6/20	理髮、水果		30
6/21	酒、茶葉、戲票、水果		180
6/23	代中寧打字		40
6/23	水果		25
6/24	水果		25
6/24	茶葉		10
6/26	水果		30
6/27	水果、車錢、冷飲		30
6/27	取內衣		110
6/27	石鍾琇子喜儀		200
6/27	手袋三個		500
6/28	看戲		20
6/30	七月份研究費	2,880	
6/30	七月份公費	2,880	
6/30	調整待遇準備	270	
6/30	七月份房貼	480	
6/30	7-12 月份集會費	3,060	
6/30	公保、黨費、互助金		120
6/30	同仁捐		250
6/30	修屋貸款 76 期		330

月日	摘要	收入	支出
6/30	金福祿命、Contimycin、剋濕癬、新喜		210
6/30	茶二兩、藥皂		40
6/30	鐵力士一支		100
6/30	車錢		20
6/30	火險費		220
6/30	家用		9,700
	合計	107,004	18,360
	本月結存		88,644

月日	摘要	收入	支出
7/1	上月結存	88,644	
7/2	水果		20
7/4	滷菜、罐頭、冰吉林、酒、茶葉		260
7/4	水果、書刊、飲料、香皂、食品		90
7/6	理髮		20
7/8	水果		20
7/10	上月火食、車費		210
7/12	看戲		30
7/17	水果、車票		90
7/18	水果、食品		30
7/20	本月待遇	11,000	
7/20	書刊		35
7/20	家用		7,600
7/20	送朱興良兄眷病		2,000
7/21	紹彭理髮、電影		50
7/21	理髮、書刊		30
7/24	水果		35
7/26	看戲、襯衣		110
7/30	藥品		60
7/30	茶葉		20
7/30	藥皂		20
7/30	書刊		20
7/31	八月待遇公費	3,600	
7/31	八月研究費	3,600	
7/31	補七月公費	450	
7/31	補七月研究費	720	
7/31	補七月房貼	120	
7/31	八月房貼	600	

月日	摘要	收入	支出
7/31	公保、黨費、互助金		150
7/31	修屋貸款 77 期		330
7/31	同仁捐		300
7/31	七、八兩月所得稅		80
7/31	聯誼會費		20
7/31	家用		8,800
	合計	108,734	20,430
	本月結存		88,304

月日	摘要	收入	支出
8/1	上月結存	88,304	
8/1	車費		10
8/2	看戲、書刊		30
8/5	上月火食、車費		225
8/5	書刊、電池、理髮		80
8/8	兩天車錢		50
8/8	綠豆粒、奶粉、食品		85
8/9	月票、看戲		90
8/12	車錢		20
8/15	水果		10
8/16	Pream、洗衣		100
8/19	水果、獎券		75
8/20	本月薪		100
8/20	請同人吃冰		25
8/20	食品	11,000	
8/20	家用		7,300
8/21	于兆麟母喪儀、茶、鞋跟		115
8/21	理髮		20
8/23	看戲、食品、早點		90
8/24	紹彭理髮、食品、水果		95
8/26	水果		50
8/30	酒		50
8/31	本月公費	3,600	
8/31	本月研究費	3,600	
8/31	本月房貼	600	
8/31	公保、黨費、互助金		140
8/31	同仁捐		190
8/31	所得稅		40
8/31	修屋貸款 78 期		330
8/31	家用		10,400
8/31	寄童紳藥品、水果		180

月日	摘要	收入	支出
	合計	107,104	19,900
	本月結存		87,204

月日	摘要	收入	支出
9/1	上月結存	87,204	
9/1	車錢、韓介白壽禮		50
9/2	書刊		30
9/3	印花		20
9/4	理髮、電池、書刊		40
9/4	上月火食、車費		210
9/5	食品		15
9/6	車錢		15
9/7	建業中學車馬費	75	
9/7	車錢		20
9/12	金福祿命三十片		130
9/12	車錢、食品		30
9/14	車票		60
9/17	合送高銓水果、自用水果		55
9/19	本月待遇	11,000	
9/19	理髮		20
9/19	家用		6,200
9/26	酒、紹因用、車錢		85
9/30	本月公費	3,600	
9/30	本月研究費	3,600	
9/30	本月房貼	600	
9/30	家用		11,000
9/30	同仁捐		300
9/30	公保、黨費、互助金		140
9/30	所得稅		40
9/30	修屋貸款 79 期		330
9/30	茶業、食品		45
	合計	106,079	18,835
	本月結存		87,244

月日	摘要	收入	支出
10/1	上月結存	87,244	
10/1	Restoric 四瓶 HK$44.80		300
10/3	贈周方兄養病		200
10/3	換鞋跟、家人車費、家另用		80
10/4	看戲、書刊		85

月日	摘要	收入	支出
10/5	理髮、食品		35
10/6	上月火食、車費		250
10/6	裘祇珊喜儀		100
10/14	公贈潘永珍禮品		40
10/14	書刊、車錢		50
10/15	孔繁炘嫁女喜儀		300
10/15	茶葉		90
10/16	賴興儒賻儀		100
10/17	蘭花、衛生紙、車費		90
10/18	咖啡四磅		270
10/18	酒、車費		100
10/19	理髮、洗衣		30
10/20	本月待遇	11,000	
10/28	餅乾		20
10/30	本月公費	3,600	
10/30	本月研究費	3,600	
10/30	本月房租津貼	600	
10/30	子女教育費	1,440	
10/30	家用		15,900
10/30	公保		88
10/30	黨費		10
10/30	屋貸第 80 期		328
10/30	所得稅		40
10/30	同仁捐、互助金		226
10/30	藥品、刀片		144
	合計	107,484	18,880
	本月結存		88,604

月日	摘要	收入	支出
11/1	上月結存	88,604	
11/2	理髮、書刊、水果、合送潘禮		70
11/2	換新五元硬幣		40
11/3	故宮手冊五本		1,120
11/3	書刊、門票、車錢		110
11/8	裴鳴宇八十壽禮金		200
11/10	修城夫人花圈		60
11/10	紹因看病		65
11/11	修表		40
11/11	臧元駿子喜儀		200
11/15	理髮、水果、車票		90

月日	摘要	收入	支出
11/15	紹彭用、食品、手套等		210
11/20	本月待遇	11,000	
11/20	家用		6,100
11/22	蘋果送禮、酒、食品、水果		315
11/22	藥品、車票		130
11/25	食品、水果、藥品		70
11/25	修表		400
11/26	水果		10
11/27	毛巾被、牙膏、魚油丸		180
11/29	電話、水果、食品、電影		110
11/30	本月公費	3,600	
11/30	本月研究費	3,600	
11/30	本月房貼	600	
11/30	家用		9,800
11/30	公保、黨費		100
11/30	屋貸 81 期		330
11/30	所得稅		40
11/30	同仁捐、互助金		240
	合計	107,404	20,030
	本月結存		87,374

月日	摘要	收入	支出
12/1	上月結存	87,374	
12/1	理髮		20
12/2	書刊、車費		165
12/6	書刊		10
12/15	理髮、郵票		30
12/15	太陽餅		160
12/15	上月火食、車費		310
12/15	牛肉九棒		235
12/22	年會招待費	1,750	
12/22	金福祿命 30 片		130
12/22	郵票、車錢		40
12/22	地板蠟		25
12/24	訂中央月刊		75
12/24	木瓜		15
12/24	冬菰一斤		420
12/25	唱片		60
12/26	茶葉		20
12/27	送張緒心內衣、食品		460
12/27	車錢		10

月日	摘要	收入	支出
12/28	餅乾		30
12/29	Multi-tabs 三十片		40
12/31	一月份公費	3,600	
12/31	一月份研究費	3,600	
12/31	一月份房貼	600	
12/31	理髮		20
12/31	公保、黨費		100
12/31	所得稅		40
12/31	同仁捐		310
12/31	修屋貸款 82 期		330
12/31	家用		6,500
	合計	96,924	9,555
	本月結存		87,369

吳墉祥簡要年表

1909 年	出生於山東省棲霞縣吳家村。
1914-1924 年	入私塾、煙台模範高等小學（11 歲別家）、私立先志中學。
1924 年	加入中國國民黨。
1927 年	入南京中央黨務學校。
1929 年	入中央政治學校（國立政治大學前身）財政系。
1933 年	大學畢業，任大學助教講師。
1937 年	任職安徽地方銀行。
1945 年	任山東省銀行總經理。
1947 年	任山東齊魯公司常務董事兼董事會秘書長。 當選第一屆棲霞國民大會代表。
1949 年 7 月	乘飛機赴台，眷屬則乘秋瑾輪抵台。
1949 年 9 月	與友協力營救煙台聯中校長張敏之。
1956 年	任美國援華機構安全分署高級稽核。
1965 年	任台達化學工業公司財務長。
1976 年	退休。
2000 年	逝世於台北。

民國日記 95

吳墉祥在台日記（1970）

The Diaries of Wu Yung-hsiang at Taiwan, 1970

原　　著　吳墉祥
主　　編　馬國安
總 編 輯　陳新林、呂芳上
執行編輯　林弘毅
封面設計　陳新林
排　　版　溫心忻、施宜伶

出　　版　開源書局出版有限公司
香港金鐘夏慤道 18 號海富中心
1 座 26 樓 06 室
TEL：+852-35860995

民國歷史文化學社有限公司
10646 台北市大安區羅斯福路三段
37 號 7 樓之 1
TEL：+886-2-2369-6912
FAX：+886-2-2369-6990

http://www.rchcs.com.tw

初版一刷　2022 年 1 月 27 日
定　　價　新台幣 400 元
港　幣 110 元
美　元　15 元
I S B N　978-626-7036-66-2
印　　刷　長達印刷有限公司
台北市西園路二段 50 巷 4 弄 21 號
TEL：+886-2-2304-0488

國家圖書館出版品預行編目 (CIP) 資料
吳墉祥在台日記 (1970) = The diaries of Wu Yung-hsiang at Taiwan,1970/ 吳墉祥原著；馬國安主編 . -- 初版 . -- 臺北市：民國歷史文化學社有限公司 , 2022.01

面；　公分 . -- (民國日記；95)

ISBN 978-626-7036-66-2　(平裝)

1.CST: 吳墉祥 2.CST: 臺灣傳記 3.CST: 臺灣史 4.CST: 史料

783.3886　　111000332